Wetterfest und robust!

Für die Innenseiten dieses Buches haben wir uns etwas Besonderes einfallen lassen. Die Seiten bestehen aus hochwertigem Landkartenpapier, welches mit einer robusten und wasserabweisenden Beschichtung versehen wurde. Somit übersteht es unbeschadet auch mal ein Regenwetter.
Bitte beachten Sie: wetterfest und wasserabweisend bedeutet nicht wasserfest! Die Seiten sind gut gegen Spritzwasser geschützt und kleben, wenn sie feucht werden, nicht aneinander. Dennoch darf das Buch nicht komplett durchnässt werden.
Bitte verwenden Sie bei Dauerregen zusätzlich einen Regenschutz.

Liebliches Taubertal

Der „Klassiker" und der „Sportive" Taubertal-Radweg zwischen Rothenburg ob der Tauber und Wertheim

Ein original *bikeline*-Radtourenbuch

Esterbauer

bikeline®-Radtourenbuch Liebliches Taubertal
© 1998-2011, **Verlag Esterbauer GmbH**
A-3751 Rodingersdorf, Hauptstr. 31
Tel.: ++43/2983/28982-0, Fax: -500
E-Mail: bikeline@esterbauer.com
www.esterbauer.com
7. überarbeitete Auflage, Sommer 2011
ISBN: 978-3-85000-157-1

Bitte geben Sie bei jeder Korrespondenz die Auflage und die ISBN an!

Erstellt in Kooperation mit der Touristikgemeinschaft „Liebliches Taubertal"
Landratsamt, Gartenstr. 1, D-97941 Tauberbischofsheim, ✆ 09341/82-5806 od. -5807

Dank an alle, die uns bei der Erstellung dieses Buches tatkräftig unterstützt haben, auf Seite 92

Das *bikeline*-Team: Heidi Authried, Beatrix Bauer, Markus Belz, Michael Bernhard, Michael Binder, Veronika Bock, Stefan Diringer, Sandra Eisner, Roland Esterbauer, Gabi Glasstetter, Dagmar Güldenpfennig, Carmen Hager, Heidi Huber, Tobias Klein, Martina Kreindl, Bettina Müllauer, Eveline Müllauer, Gregor Münch, Karin Neichsner, Niki Nowak, Julia Pelikan, Petra Riss, Christian Schlechte, Erik Schmidt, Mandy Schwalbe, Michael Smogavetz, Martina Specht, Matthias Thal, Martin Wischin, Wolfgang Zangerl.

Umschlagbilder: Archiv: Cover groß; Tourismusgemeinschaft „Liebliches Taubertal": Cover klein

Bildnachweis: Birgit Albrecht: 8, 45, 60, 69; Bürgermeisteramt Freudenberg: 58; Bürgermeisteramt Königheim: 66, 67; Bürgermeisteramt Külsheim: 62, 63; Foto Besserer, Lauda, 34; Foto Besserer, Lauda: 39, 40; Gemeinde Assamstadt: 72; Info- und Kulturamt Niederstetten: 76; Klaudia Wais: 18, 20, 26, 32, 34, 46; Kultur- und Fremdenverkehrsamt Rothenburg o. d. Tauber: 14; Kultur- und Verkehrsamt Bad Mergentheim: 33; Leo Dorbath, Külsheim: 62, 65; Rothenburg Tourismus Service, Michael Leyh: 14, 16, 17; TG "Liebliches Taubertal" e.V.: 7, 30, 32, 47, 48, 49, 50, 54, 58, 64, 71, 76, 78, 80, 81; Touristinformation Creglingen: 21, 23, 24, 54; Tourist-Information Tauberbischofsheim: 42; Tourist-Information Tauberbischofsheim, Norbert Wolz: 42, 44; Tourist Information Wertheim: 56; Verkehrsamt Röttingen: 28;

Kartografie erstellt mit axpand (www.axes-systems.com)

bikeline

Was ist bikeline?

Wir sind ein Team von Redakteuren, Kartografen, Geografen und anderen Mitarbeitern, die allesamt begeisterte Radfahrerinnen und Radfahrer sind. Ins „Rollen" gebracht hat das Projekt 1987 eine Wiener Radinitiative, die begonnen hat Radkarten zu produzieren. Heute tun wir dies als Verlag mit großem Erfolg. Mittlerweile gibt's bikeline® und cycline® Bücher in fünf Sprachen und in vielen Ländern Europas.

Um unsere Bücher immer auf dem letzten Stand zu halten, brauchen wir auch Ihre Hilfe. Schreiben Sie uns, wenn Sie Unstimmigkeiten oder Änderungen in einem unserer Bücher entdeckt haben.

Wir freuen uns auf Ihre Rückmeldung (redaktion@esterbauer.com),

Ihre bikeline-Redaktion

Vorwort

Der Radweg „Liebliches Taubertal" mit seiner Route von Rothenburg ob der Tauber bis Wertheim gilt als einer der schönsten deutschen Radfernwege. Fast autofrei können Sie nahe am kurvenreichen Lauf der Tauber radeln. Es geht vorbei an Wiesen und Feldern, an sonnigen Rebhängen und wildromantischen Uferlandschaften. Wie Perlen an einer Kette, so reihen sich die schmucken mittelalterlichen Städte und Dörfer in der lieblichen Landschaft des Taubertals auf. Nun hat der „Klassiker" des Taubertals, der im Jahr 2010 sein 30. Jubiläum gefeiert hat, noch einen sportlichen Bruder bekommen. Der „Sportive" Taubertal-Radweg ist eine eher anspruchsvolle, bergige Tour. Sie führt hinauf in die Höhenzüge Tauberfrankens, beschert Ihnen viele atemberaubende Ausblicke und endet in Rothenburg ob der Tauber, dem Ausgangspunkt der insgesamt 260 Kilometer langen Reise.

Präzise Karten, genaue Streckenbeschreibungen, zahlreiche Stadt- und Ortspläne, Hinweise auf das kulturelle und touristische Angebot der Region und ein umfangreiches Übernachtungsverzeichnis – in diesem Buch finden Sie alles, was Sie zu einer Radtour entlang des Radweges „Liebliches Taubertal" brauchen – außer gutem Radlwetter, das können wir Ihnen nur wünschen.

Kartenlegende

Radrouten

Hauptroute, wenig KFZ-Verkehr

- asphaltiert (main cycle route, low motor traffic)
- nicht asphaltiert (main cycle route, unpaved road)
- schlecht befahrbar (main cycle route, bad surface)

Radweg / Hauptroute, autofrei

- asphaltiert (cycle path, without motor traffic, paved road)
- nicht asphaltiert (cycle path, unpaved road)
- schlecht befahrbar (cycle path, bad surface)

Ausflug od. Variante
(excursion or alternative route, low motor traffic)

- asphaltiert (excursion or alternative route, paved road)
- nicht asphaltiert (excursion, unpaved road)
- schlecht befahrbar (excursion, bad surface)

Ausflug od. Variante, autofrei / Radweg
(excursion or alternative route, without motor traffic /cycle path)

- asphaltiert (excursion or alternative route, paved road)
- nicht asphaltiert (excursion, unpaved road)
- schlecht befahrbar (excursion, bad surface)

- sonstige Radrouten (other cycle routes)
- Radweg in Planung (planned cycle path)
- Radweg gesperrt (closed cycle path)
- Fährverbindung (ferry connection)

KFZ-Verkehr (vehicular traffic)

- Radroute auf mäßig befahrener Straße (cycle route with moderate motor traffic)
- Radroute auf stark befahrener Straße (cycle route with heavy motor traffic)
- Radfahrstreifen (cycle lane)
- mäßig befahrene Straße (road with motor traffic)
- stark befahrene Straße (road with heavy motor traffic)

Steigungen / Entfernungen (gradient / distance)

- starke Steigung (steep gradient, uphill)
- leichte bis mittlere Steigung (light gradient)
- 3,2 Entfernung in Kilometern (distance in km)
  Durch Rundungen können Differenzen zu den tatsächlich gefahrenen Kilometern entstehen.
- Kopfsteinpflaster (cobbled street)
- Tunnel (Tunnel)
- 374 5424 UTM-Gitter (2 km) (UTM-grid)
- Routenverlauf (cycle route direction)
- Stadt- /Ortsplan (city map)
- 5 Wegpunkt (waypoint)

Radinformationen

- Fahrradwerkstatt* (bike workshop*)
- Fahrradvermietung* (bike rental*)
- überdachter Abstellplatz* (covered bike stands*)
- abschließbarer Abstellplatz* (lockable bike stands*)
- Gefahrenstelle (dangerous section)
- Text beachten (read text carefully)
- Treppe* (stairs*)
- Engstelle* (narrow pass, bottleneck*)

Nur in Ortsplänen

- P Parkplatz* (parking lot*)
- P Parkhaus* (garage*)
- Post* (post office*)
- A Apotheke* (pharmacy*)
- H Krankenhaus* (hospital*)
- F Feuerwehr* (fire-brigade*)
- Polizei* (police*)
- Theater* (theatre*)

* Auswahl (* selection)

Maßstab 1 : 50.000

1 cm ≙ 500 m 1 km ≙ 2 cm

0 1 2 3 4 5 6 7 8 9 10 km

Wichtige bzw. sehenswerte thematische Informationen

Schönern sehenswertes Ortsbild (picturesque town)
Einrichtung im Ort vorhanden (facilities available)
Hotel, Pension (hotel, guesthouse)
Jugendherberge (youth hostel)
Campingplatz (camping site)
Naturlagerplatz* (simple tent site*)
Tourist-Information (tourist information)
Einkaufsmöglichkeit* (shopping facilities*)
Kiosk* (kiosk*)
Gasthaus (restaurant)
Rastplatz* (resting place*)
Unterstand* (covered stand*)
Freibad (outdoor swimming pool)
Hallenbad (indoor swimming pool)
Kirche, Kloster (church, monastery)
Schloss, Burg (palace, castle)
Ruine (ruins)
Museum (museum)
Ausgrabungen (excavation)
andere Sehenswürdigkeit (other place of interest)
Tierpark (zoo)
Naturpark, -denkmal (nature reserve, monument)
Aussichtspunkt (panoramic view)

Topographische Informationen

Kirche (church)
Kapelle (chapel)
Kloster (monastery)
Schloss, Burg (castle)
Ruine (ruins)
Turm (tower)
Funk- und Fernsehanlage (TV/radio tower)
Kraftwerk (power station)
Umspannwerk (transformer)
Windmühle; Windkraftanlage (windmill; windturbine)
Wassermühle (water mill)
Wegkreuz (wayside cross)
Höhle (cave)
Bergwerk (mine)
Leuchtturm (lighthouse)
Sportplatz (sports field)
Denkmal (monument)
Flughafen (airport, airfield)
Schiffsanleger (boat landing)
Quelle (natural spring)
Kläranlage (water treatment plant)

Staatsgrenze (international border)
Landesgrenze (country border)
Kreisgrenze, Bezirksgrenze (district border)
Wald (forest)
Felsen (rock, cliff)
Vernässung (marshy ground)
Weingarten (vineyard)
Friedhof (cemetary)
Gewerbe-, Industriegebiet (commercial area)
Dünen (dunes)
Gletscher, Watt (glacier, shallows)
Damm, Deich (embankment, dyke)
Staumauer (dam, groyne)
Autobahn (motorway)
Hauptstraße (main road)
untergeordnete Hauptstraße (secondary main road)
Nebenstraße (minor road)
Fahrweg (carriageway)
Fußweg (footpath)
Straße in Bau (road under construction)
Eisenbahn m. Bahnhof (railway with station)
Schmalspurbahn (narrow gage railway)
Höhenlinie 100m/50m (contour line)

Inhalt

Stadtpläne

Der Radweg Liebliches Taubertal

Der Radweg „Liebliches Taubertal" besteht aus zwei Teilstrecken:

Der **„Klassiker"** führt von Rothenburg ob der Tauber nach Wertheim und gilt als einer der schönsten deutschen Radfernwege. Fast autofrei führt die Route nahe am kurvenreichen Lauf der Tauber, durch Wiesen und Felder, an sonnigen Rebhängen vorbei und durch mittelalterliche Städte und Dörfer.

Der **„Sportive"** ist der jüngere Bruder des Radwanderwegs im „Lieblichen Taubertal", er wurde 2002 ausgebaut. Von Wertheim geht es zunächst entlang des Mains bis Freudenberg. Ab hier führt die Route hinauf in die Höhenzüge Tauberfrankens. Nach einer bergigen und abenteuerlichen Tour wird in Rothenburg ob der Tauber wieder der Ausgangspunkt der Reise erreicht.

Streckencharakteristik

Länge

Die Länge des Radweges „Liebliches Taubertal - Der Klassiker & Der Sportive" mit Start in Rothenburg ob der Tauber über Wertheim und Freudenberg zurück nach Rothenburg ob der Tauber beträgt **260 Kilometer**. Varianten und Ausflüge betragen insgesamt rund 20 Kilometer.

Klassifizierung durch ADFC

Mit dem Prädikat „ADFC-Qualitätsradroute" werden Radrouten ausgezeichnet, die von ADFC-Routeninspektoren komplett mit dem Fahrrad befahren wurden. Bewertet wird die Qualität der Befahrbarkeit, Sicherheit, Wegweisung und weiterer Kriterien wie Unterkünfte, Gastronomie, Erreichbarkeit mit der Bahn. Alle Daten zusammengefügt ergeben dann eine Einstufung zwischen einem und fünf Sternen für die jeweilige Route. Die Bewertung gilt für drei Jahre, danach muss, falls gewünscht eine erneute Überprüfung erfolgen.

Der Radweg „Der Klassiker" wurde im November 2009 mit fünf Sternen ausgezeich-

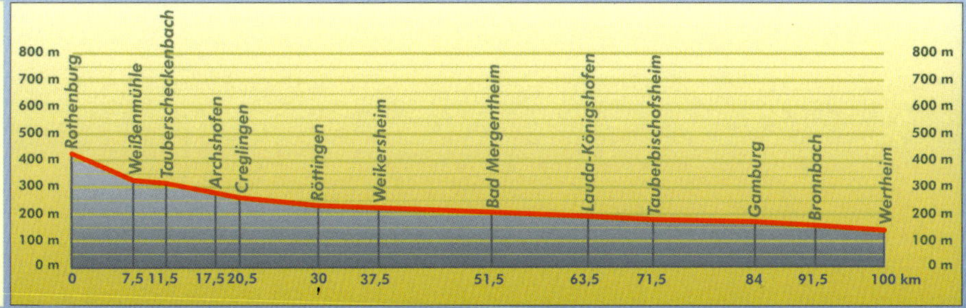

net; er bietet also höchsten Genuss für Radfahrer.

Wegequalität & Verkehr

Die Wegequalität vom „Klassiker" des Taubertal-Radweges ist im Großen und Ganzen hervorragend, denn er ist durchgehend asphaltiert. Der „Sportive" ist ebenfalls sehr gut ausgebaut. Auf dieser Strecke gibt es nur ein nennenswertes unbefestigtes Teilstück, es liegt hinter Freudenberg. Hier radeln Sie für ca. 4 Kilometer auf einem gut befahrbaren Waldweg mit starken Steigungen.

Fast der gesamte Radweg „Liebliches Taubertal" verläuft auf Radwegen, Wirtschaftswegen oder ruhigen Nebenstraßen, so dass Sie überwiegend autofrei radeln können. Nur für wenige und kurze Abschnitte im Durchzugsgebiet von Städten werden Sie auf stärker befahrenen Straßen fahren.

Der „Klassiker" führt im Tal der Tauber entlang und verläuft dadurch vergleichsweise eben. Aber es begegnen Ihnen auch hier durchaus leichte und manchmal auch mittelstarke Steigungen. Der „Sportive" – wie der Name schon vermuten lässt – stellt hingegen durchaus auch hohe Ansprüche an Ihre Kondition.

Beschilderung

Der Taubertal-Radweg ist durchgehend und ausführlich nach den neuesten Richtlinien und dem Logo „Liebliches Taubertal" ausgeschildert. Die Strecke von Rothenburg nach Wertheim trägt den Zusatz „Der Klassiker", die Strecke von Wertheim über Freudenberg nach Rothenburg den Zusatz „Der Sportive".

Bei der vorbildlich ausgeführten Beschilderung hat sich die Touristikgemeinschaft „Liebliches Taubertal" an den Vorgaben des ADFC's (Allgemeiner Deutscher Fahrrad-Club) orientiert.

Tourenplanung

Zentrale Infostelle:

Touristikgemeinschaft „Liebliches Taubertal" e. V., Gartenstr. 1, D-97941 Tauberbischofsheim, ✆ 09341/825806, www.liebliches-taubertal.de, touristik@liebliches-taubertal.de

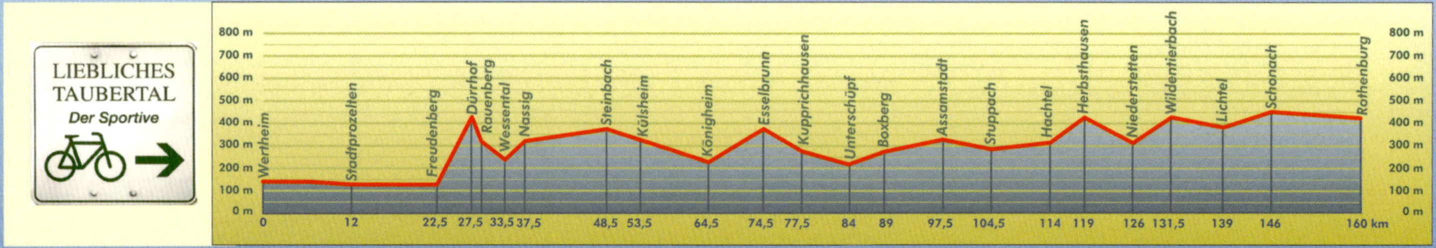

Kombinationsmöglichkeiten

Der „Klassiker“ und der „Sportive“ ergeben zusammen eine Route von 260 Kilometern. Sie können die Teilstrecken auch einzeln bereisen, die Tauberbahn bringt Sie zum Ausgangspunkt Ihrer Reise zurück, siehe „Rad & Tauberbahn“.

Kombinationsbeispiele:

Zwischen Bad Mergentheim und Stuppach besteht die Möglichkeit, in nur 3 Kilometern zum jeweils anderen Teil der Route zu gelangen. In Karten und Text gehen wir auf diese Variante ein. Sie können an dieser Stelle von Ihrer Route abweichen und den gesamten Radweg „Liebliches Taubertal“ wie eine Acht beradeln. Dieser Übergang lässt sich aber auch als Abkürzung nutzen, wenn Sie jeweils nur Teilstücke vom „Klassiker“ und „Sportiven“ befahren wollen.

In Text und Karten zeigen wir ebenfalls kreuzende und parallel verlaufende weitere Radwege auf. In Kombination mit diesen Radwegen ergeben sich sehr viele Varianten.

An- & Abreise mit der Bahn

Aufgrund der sich ständig ändernden Preise und Bedingungen für Fahrradtransport bzw. -mitnahme empfehlen wir Ihnen, sich bei nachfolgenden Infostellen über Ihre ganz persönliche Anreise mit der Bahn zu informieren.

Informationsstellen:

Reise Service Deutsche Bahn AG: ✆ 01805/996633 (€ 0,14/Min. aus dem Festnetz, Tarif bei Mobilfunk ggf. abweichend), Mo-So 8-20 Uhr, Auskünfte über Zugverbindungen, zur Fahrradmitnahme (Tastenwahl: 15 oder Stichwort: Fahrrad), Fahrpreise im In- und Ausland, Buchung von Tickets und Reservierungen, www.bahn.de, www.bahn.de/bahnundbike

Automatische DB-Fahrplanauskunft: ✆ 0800/1507090 (gebührenfrei aus dem Festnetz), ✆ 0180/5221100 (gebührenpflichtig aus dem Mobilfunknetz, den jeweiligen Tarif erfahren Sie bei Ihrem Netzbetreiber)

ADFC, Allgemeiner Deutscher Fahrrad-Club e.V.: weitere Infos und aufgeschlüsselte Einzelverbindungen unter www.adfc.de/bahn

Rad & Tauberbahn

Die Tauberbahn führt in der Zeit von Mai bis Oktober in ihren Regional-Express-Zügen zwischen Wertheim, Weikersheim und Schrozberg (nordwestlich von Rothenburg) für den Fahrradtransport geeignete Gepäckwagen oder Großraumabteile mit. Diese Verbindung können Sie nutzen, wenn Sie eine Teilstrecke mit der Bahn zurücklegen wollen.
Außerdem können Sie so relativ einfach von Wertheim zurück zum Ausgangspunkt Rothenburg gelangen. Dazu fahren Sie einfach von Wertheim mit der Bahn bis Schrozberg. Von hier radeln Sie dann auf einer Länge von rund 22 km, auf überwiegend ebener Strecke, innerhalb von rund 1,5 Stunden zum Ausgangspunkt Rothenburg.

Fahrradtransport

Hermes-Privat-Service:
✆ 0900/1311211 (€ 0,60/Min.)
www.privatpaketservice.de
Unter der Rubrik „Koffer/Fahrradversand" erfahren Sie die genauen Zustellzeiten und die aktuellen Preise für den Fahrradversand.

Übernachtung

Bei unseren Recherchen haben wir eine größtmögliche Auswahl für Sie zusammengestellt. Für alle, die Alternativen oder einfach noch mehr Anbieter suchen, gibt es nachfolgende Internet-Adressen, die auch Beherbergungen der etwas anderen Art anbieten:
Der ADFC-Dachgeber funktioniert nach dem Gegenseitigkeitsprinzip: Hier bieten Radfreunde anderen Tourenradlern private Schlafplätze an. Mehr darüber unter www.dachgeber.de.
Das **Deutsche Jugendherbergswerk** stellt sich unter www.djh.de mit seinen vierzehn Landesverbänden vor.
Auch die **Naturfreunde** bieten mit ihren **Naturfreundehäusern** eine Alternative zu anderen Beherbergungsarten an, mehr unter www.naturfreunde.de.
Unter www.camping-in.de oder www.campingplatz.de finden Sie flächendeckend den **Campingplatz** nach Ihrem Geschmack.
Weiters bietet **Bett & Bike** unter www.bettundbike.de zusätzliche Informationen zu den beim ADFC gelisteten Beherbergungsbetrieben in ganz Deutschland.

Mit Kindern unterwegs

Der „Klassiker" vom Taubertal-Radweg ist sehr gut für eine Radtour mit Kindern geeignet. Bis auf sehr wenige Ausnahmen führt die Route immer auf dem Radweg direkt an der Tauber oder auf kleineren und ruhigen Landstraßen. Leichte und teilweise auch mittlere Steigungen treten immer wieder auf, Kindern unter 8 Jahren könnte das eventuell Probleme bereiten. Der „Sportive" ist aufgrund der vielen, auch starken, Steigungen und Gefälle nur für ältere und sehr gut trainierte Kinder geeignet.

Das Rad für die Tour

Rad fahren entlang des Taubertal-Radweges ist grundsätzlich mit jedem funktionstüchtigen Fahrrad möglich. Die Wege sind zum größten Teil asphaltiert. Nur wenige kürzere Stellen sind unbefestigt. Den besten Reisekomfort bieten Touren- und Trekkingräder. Für „Den Sportiven" empfiehlt sich ein Rad mit einer berggängigen Übersetzung, damit Sie die zum Teil starken Steigungen gut bewältigen können.

Gepäcktransport:

Viele der Gastgeber entlang des Taubertal-Radweges bieten den Gästen einen Gepäckservice an. Nähere Informationen erhalten Sie bei der **Touristikgemeinschaft „Liebliches Taubertal“**, Landratsamt, Gartenstr. 1, D-97941 Tauberbischofsheim, ✆ 09341/825806, www.liebliches-taubertal.de.

Radreiseveranstalter

Eurobike,
Mühlstr. 20, A-5162 Obertrum am See,
✆ 0043/6219/7444, Fax: 8272,
eurobike@eurobike.at, www.eurobike.at
Romantische Wertheim GmbH,
97877 Wertheim, Gebergasse 16,
✆ 09342/935090, www.tourist-wertheim.de

Zu diesem Buch

Dieser Radreiseführer enthält alle Informationen, die Sie für den Radurlaub im „Lieblichen Taubertal“ benötigen: exakte Karten, eine detaillierte Streckenbeschreibung, ein ausführliches Übernachtungsverzeichnis, Stadt- und Ortspläne und die wichtigsten Informationen zu touristischen Attraktionen und Sehenswürdigkeiten.

Und das alles mit der ***bikeline*-Garantie**: die Routen in unseren Büchern sind von unserem professionellen Redaktionsteam vor Ort auf ihre Fahrradtauglichkeit geprüft worden. Um höchste Aktualität zu gewährleisten, nehmen wir nach der Befahrung Korrekturen von Lesern bzw. offiziellen Stellen bis Redaktionsschluss entgegen, die dann jedoch teilweise nicht mehr an Ort und Stelle verifiziert werden können.

Die Radtour ist nicht in Tagesetappen sondern in logische Abschnitte aufgeteilt, weil die Tagesleistung zu sehr davon abhängt, wie sportlich oder genussvoll Sie die Strecke in Angriff nehmen möchten.

Die Karten

Die Detailkarten sind im Maßstab 1 : 50.000 erstellt. Dies bedeutet, dass 1 Zentimeter auf der Karte einer Strecke von 500 Metern in der Natur entspricht. Zusätzlich zum genauen Routenverlauf informieren die Karten auch über die Beschaffenheit des Bodenbelages (befestigt oder unbefestigt), Steigungen (leicht oder stark), Entfernungen sowie über kulturelle, touristische und gastronomische Einrichtungen entlang der Strecke.

Allerdings können selbst die genauesten Karten den Blick auf die Wegbeschreibung nicht ersetzen. Komplizierte Stellen werden in der Karte mit diesem Symbol ⚠ gekennzeichnet, im Text finden Sie das gleiche Zeichen zur Markierung der betreffenden Stelle wieder. Beachten Sie, dass die empfohlene Hauptroute immer in Rot und Violett, Varianten und

Ausflüge hingegen in Orange dargestellt sind. Die genaue Bedeutung der einzelnen Symbole wird in der Legende auf den Seiten 4 und 5 erläutert.

Höhen- und Streckenprofil

Das Höhen- und Streckenprofil gibt Ihnen einen grafischen Überblick über die Steigungsverhältnisse, die Länge und die wichtigsten Orte entlang der Radroute. Es können in diesem Überblick nur die markantesten Höhenunterschiede dargestellt werden, jede einzelne kleinere Steigung wird in dieser grafischen Darstellung nicht berücksichtigt. Die Steigungs- und Gefälleverhältnisse entlang der Route finden Sie im Detail mit Hilfe der Steigungspfeile in den genauen Karten.

Der Text

Der Textteil besteht im Wesentlichen aus der genauen Streckenbeschreibung, welche die empfohlene Hauptroute enthält. Stichwortartige Streckeninformationen werden, zum leichteren Auffinden, von dem Zeichen ~ begleitet.

Unterbrochen wird dieser Text gegebenenfalls durch orangefarbige Absätze, die Varianten und Ausflüge behandeln.

Ferner sind alle wichtigen **Orte** zur besseren Orientierung aus dem Text hervorgehoben. Gibt es interessante Sehenswürdigkeiten in einem Ort, so finden Sie unter dem Ortsbalken die jeweiligen Adressen, Telefonnummern und Öffnungszeiten.

Die Beschreibung der einzelnen Orte sowie historisch, kulturell oder naturkundlich interessanter Gegebenheiten entlang der Route tragen zu einem abgerundeten Reiseerlebnis bei. Diese Textblöcke sind kursiv gesetzt und unterscheiden sich dadurch auch optisch von der Streckenbeschreibung.

TIPP Textabschnitte in Violett heben Stellen hervor, an denen Sie Entscheidungen über Ihre weitere Fahrstrecke treffen müssen, z. B. wenn die Streckenführung von der Wegweisung abweicht oder mehrere Varianten zur Auswahl stehen u. ä.

AUSFLUG Sie weisen auch auf Ausflugstipps, interessante Sehenswürdigkeiten oder Freizeitaktivitäten etwas abseits der Route hin.

Übernachtungsverzeichnis

Auf den letzten Seiten dieses Radtourenbuches finden Sie zu fast allen Orten entlang der Strecke eine Vielzahl von Übernachtungsmöglichkeiten vom einfachen Zeltplatz bis zum 5-Sterne-Hotel.

Der „Klassiker" - Von Rothenburg nach Wertheim 100 km

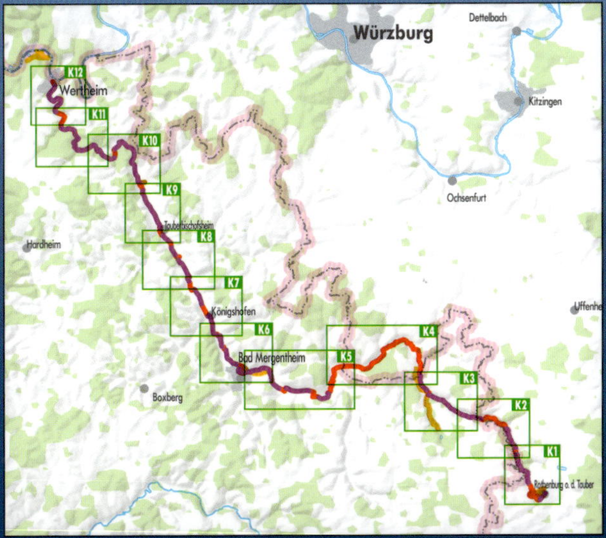

Der Auftakt Ihrer Tour durchs Liebliche Taubertal ist Rothenburg ob der Tauber. Lassen Sie sich bezaubern von der mittelalterlichen Romantik des weltbekannten Städtchens, bevor Sie sich auf die 100 Kilometer lange Radreise entlang des idyllischen und lieblichen Flusslaufes der Tauber machen. Schmucke Dörfer und Städtchen aus Fachwerkhäusern oder rotem Buntsandstein laden zu einem gemütlichen Aufenthalt ein. Zahlreiche Sehenswürdigkeiten erwarten Sie: verschiedenartigste Museen, hervorragende Kirchenkunst, historische Sonnenuhren, Schlösser, Ruinen und Klöster.

Rad fahren entlang der Tauber ist ein Genuss. Gut ausgebaute Radwege, ruhige Nebenstraßen, nicht allzu starke Steigungen und eine durchgehende und einheitliche Beschilderung machen die Radtour durchs Liebliche Taubertal zu einer wahren Freude.

Rothenburg – Rödertor

Rothenburg ob der Tauber

PLZ: 91541, Vorwahl: 09861

- **Tourismus Service**, Marktpl. 2, ✆ 404800, www.rothenburg.de
- **Alt-Rothenburger Handwerkerhaus**, Alter Stadtgraben 26, ✆ 5810, ÖZ: Ostern-31.Okt., Mo-Fr 11-17 Uhr, Sa, So 10-17 Uhr, Dez., 14-16 Uhr. Das Museum verfügt über elf original eingerichtete Räume, die dem Besucher die Lebensumstände von Handwerkern näher bringen.
- **Historiengewölbe**, Rathaus, Lichthof, ✆ 86751, ÖZ: Mitte bis Ende März, 12-16 Uhr, April, 10-16 Uhr, Mai-31. Okt., 9.30-17.30 Uhr, während des Weihnachtsmarkts 13-16 Uhr, Sa, So 10-19 Uhr. Ausstellung zum Dreißigjährigen Krieg, außerdem Waffen- und Uniformenausstellung
- **Mittelalterliches Kriminalmuseum**, Burgg. 3-5, ✆ 5359, ÖZ: Nov., Jan., Feb., Mo-So 14-16 Uhr, März, Mo-So 13-16 Uhr, April, Mo-So 11-17 Uhr, Mai-Okt., Mo-So 10-18 Uhr, Dez., Mo-So 13-16 Uhr. Rechtswesen seit dem Mittelalter, Rechtsbücher, Urkunden, Hinrichtungs- und Folterwerkzeuge.
- **Puppen- und Spielzeugmuseum**, Hofbronneng. 13, ✆ 7330, ÖZ: März-Dez., tägl. 9.30-18 Uhr, Jan., Feb., tägl. 11-17 Uhr. Puppen- und Spielzeug von 1780-1940
- **Reichsstadtmuseum**, Klosterhof 5, ✆ 939043, ÖZ: April-Okt., Mo-So 9.30-17.30 Uhr, Nov.-März, Mo-So 13-16 Uhr. Das Museum im ehemaligen Dominkanerinnenkloster zeigt Ausstellungen zu Geschichte, Kunst und Kultur Rothenburgs. Darunter die Tafeln der „Rothenburger Passion", Ölgemälde von Arthur Wasse, Sammlung Judaika und der „Meistertrunkhumpen" der Stadt sowie die Waffen- und Kunstsammlung Baumann.
- **Deutsches Weihnachtsmuseum**, Herrng. 1, ✆ 409365, ÖZ: April-Mitte Jan., 10-17 Uhr, Mitte Jan.-März, Sa, So 11-16 Uhr. Weihnachtsschmuck aus verschiedenen Epochen, historische Nussknacker und Weihnachtsbäume der Jahrhundertwende.
- Die 1285 im frühgotischen Stil erbaute **Franziskanerkirche** beherbergt den Franziskusaltar von Tilman Riemenschneider, ÖZ: Jän., Feb., Sa, So 10-12 und 14-16 Uhr

Blick auf Rothenburg

Rothenburg
Radweg Dt. Burgenstraße
Liebliches Taubertal „Der Klassiker"
Liebliches Taubertal „Der Sportive"
Klingenbastei/ Wolfgangskirche
Bäuerliches Museum
Bezoldweg
Klingenschütt
Galgentor
Altmühl-Radweg
Vorm Würzburger Tor
Würzburger Straße
Schrannenplatz
Schranne
Reichsstadtmuseum
Dt. Burgenstraße Teil 1
St.-Jakobs-Kirche
Rathaus
Historiengewölbe
Röderbogen/ Markusturm
Rödertor
Rödergasse
Hafengasse
Herrengasse
Dt. Weihnachtsmuseum
Puppen- und Spielzeugmuseum
Alt-Rothenburger Handwerkerhaus
Burgtor
Toppler-Schlösschen
Blasiuskapelle
Burggarten
Johanniskirche
Mittelalterliches Kriminalmuseum
Kobolzeller Tor
Plönlein
Tauber
Taubertalweg
Leuzenbronner Str.
Ludwig-Siebert-Straße
Ansbacher Str.
Alter Friedhof
Neuer Friedhof
Bahnhof
Bahnhofstraße
Schlachthofstraße
Ackerweg
Topplerweg
Spitalgasse
Klostergasse
Galgengasse
Stollengasse
Rosengasse
Schmiedgasse
Burggasse
200 m
15

St. Jakob, Kirchplatz, ÖZ: April-Okt., 9-17 Uhr, Dez., 10-16.45 Uhr, Nov., Jan.-März, 10-12 Uhr und 14-16 Uhr. Kirche aus dem 14./15. Jh. mit dem berühmten Hl.-Blut-Altar von Tilman Riemenschneider aus dem 16. Jh.

St. Wolfgang, ÖZ: April-30. Sept., Mo-So 11-13 Uhr u. 14.30-17 Uhr, Okt., Mi-Mo 11-16 Uhr. In die Stadtbefestigung eingegliederte spätgotische Wehrkirche aus dem 15./16. Jh. Im Innern sind der Wendelinus- und Marienaltar zu sehen.

Rothenburg, Jakobskirche

Rathausturm, Rathaus, Marktplatz, ✆ 404177, ÖZ: Apr.-Okt., 9.30-12.30 Uhr und 13-17 Uhr, Nov., Jan.-März, Sa, So 12-15 Uhr, während des Weihnachtsmarktes, Mo-Fr 10.30-14 Uhr und 14.30-18 Uhr, Sa, So 10.30-14 Uhr und 14:30-20 Uhr. Der höchste Aussichtsturm Rothenburgs verfügt über 220 Stufen.

Stadtmauer mit Wehrgang. Die 1350-80 erbaute Stadtmauer rund um Rothenburg ist begehbar, wobei Sie 12 Türme und einige Toranlagen passieren.

Rödertor. Torturm mit Zoll- und Torwächterhäuschen vom 14. Jh. mit herrlichem Ausblick.

Rathaus, ÖZ: s. Rathausturm. Das Rathaus zählt zu den schönsten Renaissancebauten Süddeutschlands und wurde 1572-78 in heutiger Form errichtet. Der Rathausturm – zu erreichen über das Hauptportal – ist der höchste Aussichtsturm der Stadt.

Rad&Tat, Bensenstr. 17, ✆ 87984

Auf einem Hochplateau über dem Taubertal, dort wo sich die Romantische und die Deutsche Burgenstraße kreuzen, erhebt sich die mittelfränkische Stadt Rothenburg.

Durch das Eingreifen des stellvertretenden Staatssekretärs McCloy wurde die Zerstörung Rothenburgs gegen Ende des Zweiten Weltkrieges verhindert. Dank des gekonnten Wiederaufbaus ist der mittelalterliche Charakter Rothenburgs bis heute erhalten geblieben. Die Stadt gilt mit ihrer einst wehrhaften Mauer, den Stadttoren und Türmen, den Kirchen und historischen Gebäuden als Inbegriff einer deutschen Mittelalterstadt. Die Stadtmauer mit ihren Wehrgängen und mächtigen Basteien zeugt von einer langen und bewegten Vergangenheit. Im 10. Jahrhundert entstand zunächst eine Grafenburg. Die von dem Stauferkönig Konrad III. im Jahre 1142 errichtete Kaiserburg wurde im Mittelalter zur Keimzelle der Stadt. Der Aufschwung begann mit der Erhebung Rothenburgs zur Freien Reichsstadt im Jahre 1274 durch König Rudolf I. In den nächsten 100 Jahren entwickelte sich die Stadt zu einem Handelszentrum ersten Ranges,

Klingentor, Rothenburg

das im 14./15. Jahrhundert unter dem Bürgermeister Toppler den Höhepunkt seiner Blüte erreichte. Sein gewaltsamer Tod ließ den Ruhm der Stadt in der Folgezeit verblassen.
Ab dem 16. Jahrhundert erlitt die Stadt folgenschwere Niederlagen. So 1525, als sie sich mit dem Bauernführer Florian Geyer gegen das fürstliche Heer der Ansbacher Markgrafen verbündete. Im Dreißigjährigen Krieg wurde Rothenburg, das sich 1544 der Reformation angeschlossen hatte, nach mehreren Versuchen der katholischen Liga unter Feldherr Graf von Tilly im Jahr 1631 eingenommen. Tilly wollte die Anführer des Widerstandes hinrichten lassen. Beim Willkommenstrunk hatte er jedoch den Einfall, Gnade walten zu lassen, wenn es jemandem gelänge, 13 Schoppen Wein (3,25 Liter) in einem Zug zu leeren. Altbürgermeister Nausch wagte erfolgreich diesen Meistertrunk. Der „Meistertrunkhumpen" ist heute im Reichsstadtmuseum zu sehen.
Von den Folgen des Dreißigjährigen Krieges konnte sich Rothenburg nie wieder recht erholen. Die Stadt verlor in den folgenden Jahrhunderten

Rothenburg, Röderbrunnen mit Markusturm und Röderbogen

Im Taubertal

zunehmend an politischer und wirtschaftlicher Bedeutung. Zu Beginn des 19. Jahrhunderts, als Rothenburg nach den Napoleonischen Kriegen an das Bayerische Königreich fiel, musste die Stadt zudem den Verlust der Reichsfreiheit und den Verlust großer Besitztümer hinnehmen.

Im 19. Jahrhundert entdeckten Maler und Poeten der Romantik die Stadt an der Tauber. Künstler wie L. Richter und C. Spitzweg verewigten die romantischen Winkel Rothenburgs in ihren Bildern.

Von Rothenburg nach Creglingen — 20,5 km

TIPP Bis Werbach ist die Routenführung des Radwanderweg „Liebliches Taubertal – Der Klassiker“ bis auf wenige Ausnahmen, die als Nebenrouten in den Karten verzeichnet sind, identisch mit dem Radweg „Romantische Straße“.

Startpunkt Ihrer Tour auf dem Radweg „Liebliches Taubertal“ ist Rothenburg ob der Tauber ⇝ vom Bahnhof geradeaus auf der **Bahnhofstraße** ⇝ geradeaus über die Kreuzung ⇝ durch die Wohnsiedlung ⇝ bei der **Bensenstraße** rechts in den begleitenden Radweg ⇝ an der Kreuzung rechts ⇝ folgen Sie der Straße **Blinksteige**.

In einer scharfen Linkskurve steil bergab, auf der steinernen Doppelbrücke über die Tauber ⇝ rechts in die **Leuzenbronner Straße** ⇝ bei der Weggabelung rechts halten ⇝ im von Weiden gesäumten Flusstal zum Toppler-Schlösschen.

Detwang

Toppler-Schlösschen

Toppler-Schlösschen, ÖZ: Dez.-Okt., Fr-So 13-16 Uhr

Das Toppler-Schlösschen liegt idyllisch an dem mit Weiden gesäumten Ufer der Tauber. Heinrich Toppler (gest. 1408), einer der bekanntesten und mächtigsten Bürgermeister in der Geschichte Rothenburgs, ließ den ungewöhnlichen, zweigeschossigen Wohnturm im Jahre 1388 erbauen. Das wehrturmartige Gebäude wurde von Toppler als Sommerresidenz genutzt.

In den alten ehrwürdigen Mauern ist eine kleine Ausstellung zu sehen, die Einblicke in die Lebensgewohnheiten und die Wohnkultur des Mittelalters gewährt.

GABELUNG Rund einen Kilometer nach dem Toppler-Schlösschen zweigt die Route vom sportiven Teil des Tauber-Radwegs nach links ab.

Auf dem „Klassiker" weiter entlang der Tauber die Brücke in Detwang überqueren.

Detwang

PLZ: 91541; Vorwahl: 09861

Rothenburg Tourismus-Service, Marktpl. 1, ✆ 404800, www.rothenburg.de

Evang. Pfarrkirche St. Peter und Paul, ÖZ: Apr.-Okt., 8.30-12 Uhr und 13.30-17 Uhr (von Juni-14.Sept. bis 18 Uhr), Nov.-März, Di-So 10-12 Uhr und 14-16 Uhr. Die romanische Kirche wurde im 10. Jh. erbaut. Sehenswert ist der wertvolle Heilig-Kreuz-Altar von Tilman Riemenschneider.

Detwang ist das ältere Siedlungsgebiet von Rothenburg. Hier steht eine der ältesten Kirchen Frankens. Die Pfarrkirche St. Peter und Paul wurde schon 968 geweiht und ist die Mutterkirche Rothenburgs. Auch hier hat sich Tilman Riemenschneider durch ein Kunstwerk aus Holz verewigt (1508). Ursprünglich für die Michaelskapelle in Rothenburg geschaffen, wurde der Heilig-Kreuz-Altar 1653 nach Detwang übertragen – allerdings war er für den Chor des kleinen Kirchleins zu breit und musste daher verkleinert werden.

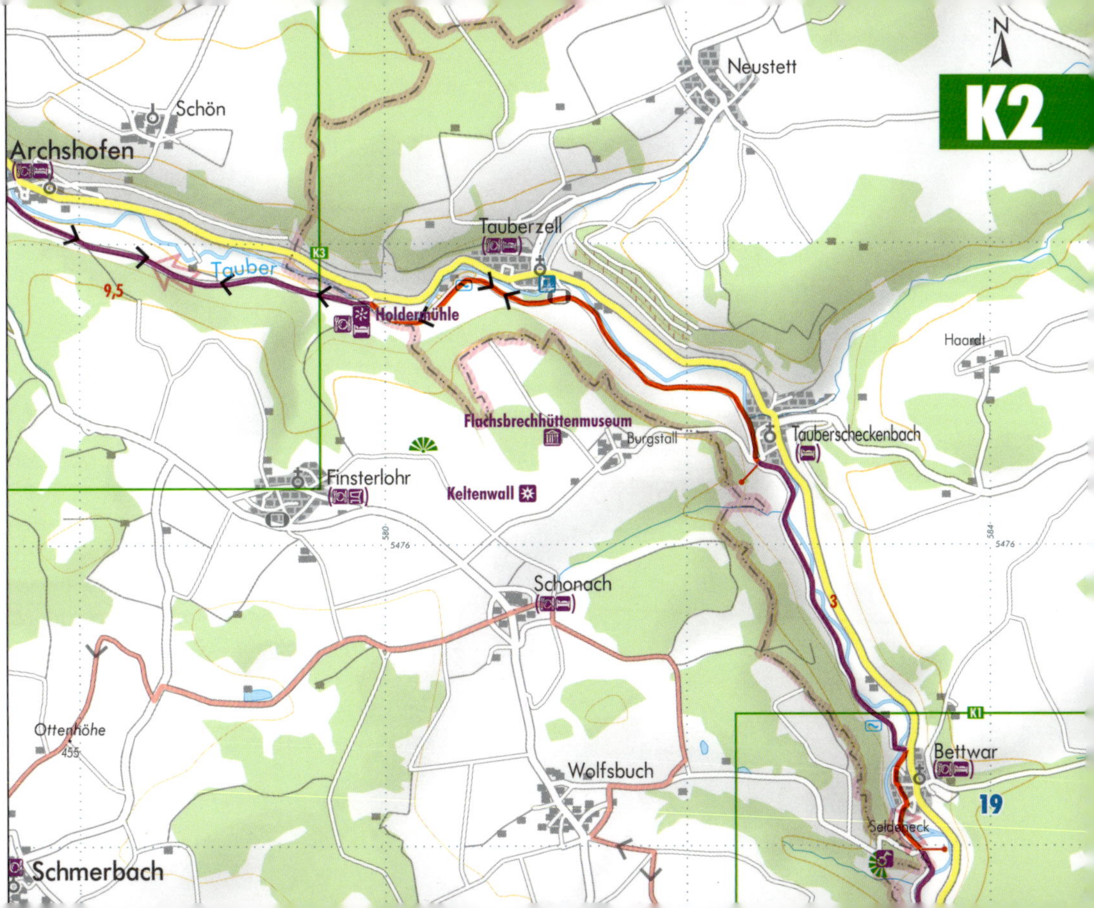

Nach der Brücke links ⤳ vorbei an der Kirche ⤳ auf einem schmalen asphaltierten Weg Detwang verlassen ⤳ nach der kleinen Brücke rechts halten ⤳ bei der Weggabelung geradeaus ⤳ über die Brücke nach Bettwar hinein.

Auf den Spuren Tilman Riemenschneiders

Tilman Riemenschneider (1468-1531) lebte in einer Umbruchszeit, in der Übergangsphase von Mittelalter (Gotik) und Neuzeit (Renaissance). In dieser Zeit war Würzburg das Zentrum der Bildhauerkunst Süddeutschlands. Das Werk von Tilman Riemenschneider weist eine unverwechselbare handwerkliche Meisterschaft auf, er blieb jedoch der mittelalterlichen Auffassung von Frömmigkeit verhaftet. Die Religiosität, die die Gesichter seiner Figuren ausstrahlen, ist eine stille, tiefempfundene, die Gefühlsregungen sind verhaltene, innige. Tilman Riemenschneider gilt etwa ab 1490 als bedeutendster spätgotischer Bildschnitzer in Mainfranken.

Riemenschneider, der im Jahre 1468 als Sohn eines Münzmeisters in Heiligenstadt (Thüringen) geboren wurde, begab sich als junger Bildschnitzergeselle auf Wanderschaft. Dabei gelangte er erstmals nach Würzburg und bereiste u. a. Schwaben und den Oberrhein. 1483 ließ er sich in Würzburg nieder. 1485 heiratete er die Goldschmiedewitwe Anna Schmidt. Durch die Einheirat in einen bestehenden Werkstattbetrieb wurden ihm Bürgerrecht und Meisterwürde der Stadt Würzburg übertragen. Seine gutgehende Bildhauerwerkstatt, in der bis zu 18 Gesellen arbeiteten, erhielt zahlreiche Aufträge. Zu seinen Meisterwerken zählen „Adam und Eva" am Portal der Würzburger Marienkapelle, das Kaisergrab (1499) im Bamberger Dom und die Altäre in Münnerstadt, Rothenburg und Creglingen.

Die Wertschätzung als mainfränkischer Künstler wurde u. a. darin deutlich, dass er 1504 als Mitglied in den Städtischen Rat gewählt wurde. Diesem gehörte er für zwei Jahrzehnte an. 1520-25 fungierte er sogar als Bürgermeister von Würzburg. Nachdem er sich im Jahr 1525 im Bauernkrieg auf die Seite der Aufständischen geschlagen hatte, geriet er in Misskredit. Nach Haft und Folter versiegte seine Schaffenskraft. Der Meister der spätgotischen Plastik starb 1531 in Würzburg.

Bettwar

Nach der Brücke nach links, an der nächsten Kreuzung wieder links ⤳ am Ortsausgang überqueren Sie erneut die Tauber ⤳ einige Kilometer am linken Tauberufer entlang ⤳ an der Brücke nach **Tauberscheckenbach** und danach an **Tauberzell** vorbei ⤳ es geht hügelig weiter.

Holdermühle

✲ **Holdermühle,** ✆ 07933/912317, eine Wirtschaft mit einer Kuriosität: Die Landesgrenze verläuft mitten durch die Schankstube,

Radler bei Craintal

die bayerischen Tische tragen weiß-blaue, die baden-württembergischen gelb-schwarze Tischdecken.

Ein Stück nach der Holdermühle ist das höchste Niveau erreicht und Sie können sich bequem in den nächsten Ort, nach Archshofen, hinunterrollen lassen.

Archshofen

Gerade durch Archshofen hindurch ~ an **Craintal** vorbei, das auf der rechten Tauberseite liegt ~ auf dem **Craintaler Weg** nach Creglingen hinein.

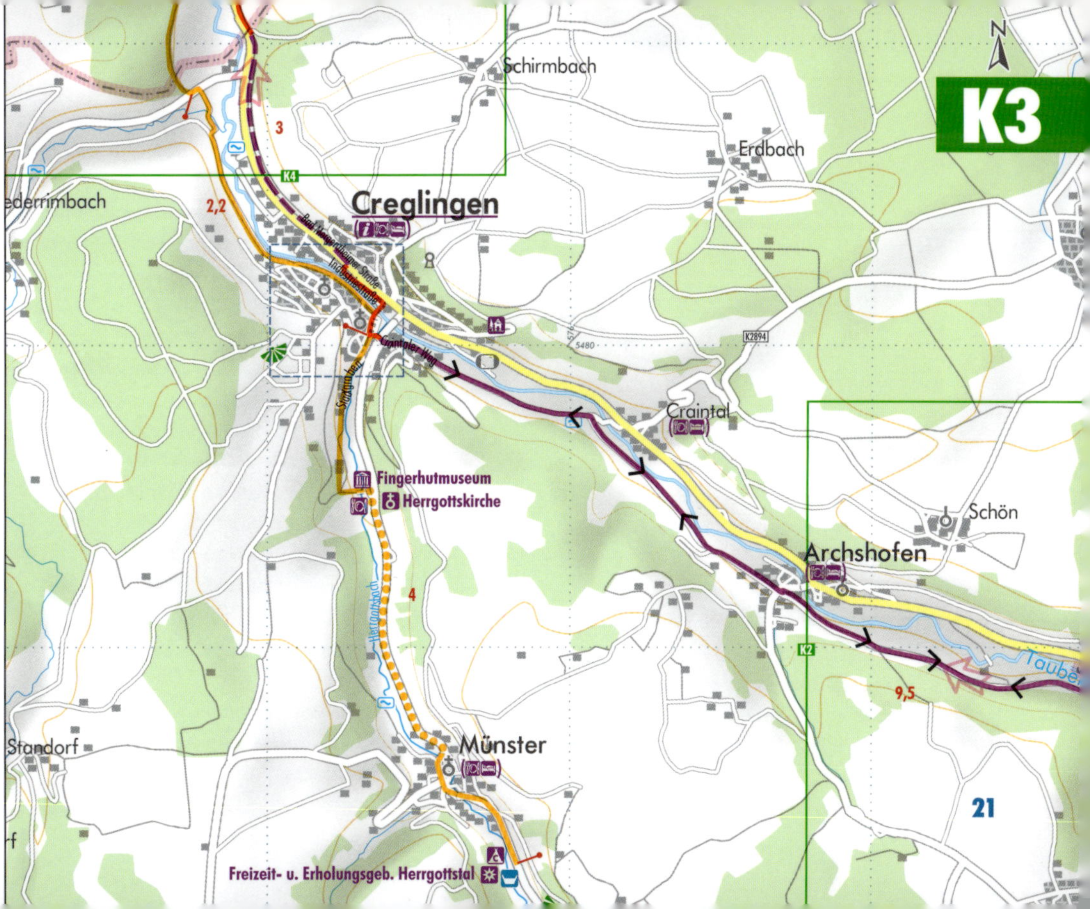

Creglingen

Creglingen

PLZ: 97993; Vorwahl: 07933

- **Touristinformation**, Bad Mergentheimer Str. 14, ✆ 631, www.creglingen.de
- **Fingerhutmuseum, Kohlesmühle**, ✆ 370, ÖZ: April-Okt., Di-So 10-12.30 und 14-17 Uhr, Nov.-März, Di-So 13-16 Uhr; Besichtigung für Gruppen n. A. auch außerhalb der ÖZ. Das einzige europäische Museum zu diesem Thema dokumentiert mit seiner Ausstellung die Geschichte des Fingerhutes, berichtet über die „Fingerhüterzunft" und informiert über die Herstellung von Fingerhüten als Nähutensilie und Sammlerstück.
- **Lindleinturm**, ✆ 7237, ÖZ: Ostern-Allerheiligen, Fr 10-12 Uhr und 14-16 Uhr, Sa, So 10-12 Uhr und 14-17 Uhr, außerhalb der ÖZ und im Winterhalbjahr jederzeit n. V. Der Lindleinturm gehörte einst zur spätmittelalterlichen Befestigungsanlage. Das darin untergebrachte kleine Museum widmet sich dem Leben von Margarete Böttinger, der letzten Turmbewohnerin.
- **Flachsbrechhüttenmuseum**, Creglingen-Burgstall, ✆ 09865/497 (Herr Strauß). Gezeigt werden alte Gegenstände und Arbeitsgeräte zur Verarbeitung der Flachspflanze und Herstellung von Leinen.
- **Jüdisches Museum**, Badg. 3, ✆ 7010, ÖZ: So 13-17 Uhr. Die Dauerausstellung gliedert sich in die Bereiche „Wurzeln, Wege und Weiterleben". Sie informiert über die Schicksale der jüdischen Bevölkerung Creglingens.
- **Herrgottskirche**, Herrgottstal nahe dem Fingerhutmuseum, ✆ 338, ÖZ: April-Okt., tägl. 9.15-17.30 Uhr, Nov.-März, ändern sich lfd., nach rechtzeitiger Anmeldung Besichtigung auch außerhalb der ÖZ. Inmitten der Kirche, die im Stile fränkischer Gotik Ende des 14. Jhs. erbaut wurde, steht der weltberühmte Marien-Altar von Tilman Riemenschneider (entstanden 1505-10).
- **Keltenpfad Finsterlohr-Burgstall**, ✆ 631. Keltische Befestigungsanlage, auf einem 2,5 km langen Rundwanderweg mit sieben Info-Stationen zu begehen.
- **Freibad Freudenbach**
- **Jugendherberge Creglingen**, Erbacher Str. 30, ✆ 336

Creglingen wurde um das Jahr 500 von den Alemannen gegründet. Der Name des Ortes leitet sich vom Namen des Fürsten Crago ab, der soviel wie „Krähe" bedeutet.
Während des Mittelalters gehörte Creglingen zum Herrschaftsgebiet der Fürsten von Hohenlohe-Brauneck. Vornehmlich Bauern und Weinbauern hatten sich hier angesiedelt. Im Jahre 1349 verlieh Kaiser Karl IV. dem blühenden Ort

Romschlösschen, Creglingen

das Stadtrecht, was den Creglingern die Errichtung von Stadtbefestigungen erlaubte. Von der Stadtmauer sind heute nur noch Reste erhalten und die Zahl der Stadttürme ist von zehn auf drei geschrumpft. Zwei davon sind als Ferienunterkunft hergerichtet worden.

Die stark befestigte Stadt ging durch Heirat und Verkauf Ende des 14. Jahrhunderts an die Markgrafen Brandenburg-Ansbach. Zu dieser Zeit entstand auch die weithin bekannte Herrgottskirche, die insbesonders durch den Marienaltar von Tilman Riemenschneider berühmt geworden ist. Die Kirche steht nicht direkt in Creglingen, sondern in einem Seitental der Tauber, dem Münstertal, einen Kilometer südlich des Ortes.

Lindleinturm-Museum, Creglingen

An diesem Fleck, so erzählt es die Legende, fand ein Bauer am Abend des Laurentiustages im Jahre 1384 auf seinem Acker eine unversehrte Hostie. Bald schon wurden Wallfahrten zu dieser Hostie, der Wundertätigkeit zugeschrieben wurde, unternommen, woraufhin die Land-

herren des Münstertales, Konrad und Gottfried von Hohenlohe, eine gotische Kapelle errichten ließen, die den Namen Herrgottskirche erhielt.

In den Jahren 1505 bis 1510 schuf Tilman Riemenschneider – mit der Gestaltung des Altarraumes beauftragt – ein elf Meter hohes Meisterwerk, den Marienaltar. Die rahmenden Teile sind aus rötlichem Föhrenholz geschnitzt. In schönem Kontrast zu dem roten Hintergrund heben sich die Figuren aus hellem Lindenholz ab.

Creglingen

Herrgottskirche an der Mariendarstellung, die die Himmelfahrt Mariens zeigt, erfreuen.

Gegenüber der Herrgottskirche entstand 1982 eine ganz andere Sehenswürdigkeit, das Fingerhutmuseum. Schauplatz ist die Kohlesmühle, eine Kornmühle am Herrgottsbach. Hier werden Fingerhüte aus aller Welt gezeigt und die Geschichte des Fingerhutes sowie des Fingerhüterhandwerks dokumentiert. Fast unglaublich, wie lang diese Geschichte schon ist, sie begann schon vor ca. 25.000 Jahren. Im Jahr 1150 wird

Schon 20 Jahre später wurden die Altartüren des prächtigen Werkes für mehr als 300 Jahre geschlossen. Grund war die Reformation, eine Zeit, in der für die Anhänger des Evangeliums die Mariendarstellung anstößig war. Der Neugierde eines Stadtrates ist es zu verdanken, dass das vergessene Kunstwerk wiederentdeckt wurde. Seit 1832 können sich Gläubige und Besucher der

der „Vingerhuht" erstmals in Deutschland erwähnt und als Werkzeug in den Klöstern genutzt. Der Beruf des Fingerhüters wird in Deutschland 1373 zum ersten Mal genannt. Die Stadt Nürnberg entwickelte sich im Mittelalter zur Fingerhutmetropole. Zu Beginn war dieses Handwerk eine freie Kunst in Nürnberg. Das änderte sich mit der Entdeckung des Zinks durch Paracelsus.

Nun war man in der Lage, Messing herzustellen, das sich als ideales Metall für die Fertigung von Fingerhüten erwies. Es entstand ein eigenes Fingerhüterhandwerk, das ab 1537 nur noch in Nürnberg ausgeübt werden sollte. Eine Ordnung wurde erlassen, die es allen Gesellen in Messing verarbeitenden Berufen untersagte zu wandern. Ende des 18. Jahrhunderts verschwand der Beruf des Fingerhüters in Nürnberg beinahe und die Herstellung von Fingerhüten verlagerte sich in andere Gebiete, zum Beispiel nach Österreich.

AUSFLUG

Wir empfehlen einen Ausflug zum Fingerhutmuseum und zur Herrgottskirche sowie einen Ausflug ins Freizeit- und Erholungsgebiet Herrgottstal. Alle drei Ausflugsorte befinden sich sozusagen „auf einem Weg".

Ausflug ins Herrgottstal 4 km

Dazu biegen Sie in Creglingen links in die Straße **Stadtgraben** ein ⤳ nun auf dem Weg längs des Herrgottbachs bis zum Fingerhutmuseum und die Straße hinauf zur Herrgottskirche ⤳ der querenden Hauptstraße nach rechts bis in den Ort Münster

K4
Aufstettener Höhe
360
Strüth
Steinbühl
365
Kapellenberg
340
Röttingen
Fränkischer Rad-Achter
Gollach
Franzenmühle
3,4
Bieberehren
Gossenmühle
Kreuzberg
345
Alter Bühl
350
Rathaus
Burg Brattenstein
Hohe Setz
355
Klosterberg
370
3,2
Steinbach
Tauber
Tauberbrücke
6,2
Wolfsberg
340
Klingen
Bürgerwald
Tauberrettersheim
Brunnenklinge
K5
K3
1,6
Galgen
330
Sternwarte
Weikersheim
Klingenstein
420
25
3
Karlsberg
Schloss Weikersheim

folgen und weiter in das Erholungsgebiet.

Münster

PLZ: 97993; Vorwahl 07933

- Touristinformation Creglingen, Bad Mergtenheimer Str. 14, ✆ 631
- **Freizeit- und Erholungsgebiet Herrgottstal**. Nähere Infos erhalten Sie bei der Touristinformation Creglingen. Das Freizeit- und Erholungsgebiet bietet einen wunderschönen Badesee mit Nichtschwimmerbereich, einen Wasserspielplatz, Kneippbecken, einen Fühl- und einen Barfußpfad, einen Fischereilehrpfad sowie Grillplätze, Duschen und Umkleidekabinen. Der dazugehörige Jugendzeltplatz bietet Platz für Gruppen bis zu 200 Personen, Infos über die Touristinformation.

Bieberehren

Von Creglingen nach Weikersheim 17 km

TIPP Durch die Innenstadt von Creglingen ist zusätzlich eine kurze Nebenroute über die Kreuzstraße und Hauptstraße ausgeschildert. Hier finden Sie zahlreiche Gastronomiebetriebe.

Vom Craintaler Weg kommend rechts in die **Neue Straße** ⇝ rechts in die **Hauptstraße**.

VARIANTE Die Hauptroute verläuft am rechten Tauberufer bis kurz vor Klingen längs der Landstraße. Alternativ bietet sich die Routenführung am linken Tauberufer an. Hierzu biegen Sie links in die Kieselallee ein und fahren bis Klingen weiter, wo Sie östlich des Ortes wieder auf den Taubertal-Radweg treffen.

Die Tauber überqueren ⇝ links in die **Poststraße**, dann geradeaus in die **Industriestraße** ⇝ nach knapp 500 m rechts ⇝ links in die **Bad Mergentheimer Straße** ⇝ auf dem anfangs asphaltierten, dann gekiesten Radweg weiter ⇝ Sie befinden sich auf einer ehemaligen Bahntrasse ⇝ östlich an Klingen vorbei.

Klingen

VARIANTE Nach dem Ort Klingen gibt es zwei Radwege: Sie können weiter auf dem unbefestigten Radweg fahren oder den „alten" asphaltierten Weg rechts daneben benutzen. Letzteres empfiehlt sich, wenn Sie schwer beladen sind oder einen Anhänger mitführen. Beide Wege teilen sich, treffen aber bald wieder aufeinander.

Noch auf Höhe von Klingen an der Vorfahrtsstraße geradeaus an dem Durchlass vorbei ⇝ den Steinbach überqueren ⇝ in einem weiten Linksschwenk an der Tauber entlang ⇝ vor der **Landstraße** rechts ⇝ an der Querstraße links ⇝ an der Landstraße nach rechts in den Ort Bieberehren hinein.

Bieberehren

TIPP Von Bieberehren bis Freudenberg ist die Route identisch mit einem Teil des Radwanderweges „Fränkischer Radachter".

Auf der **Landstraße** durch den Ort ⇝ vor der Kirche der Radwegbeschilderung nach links folgen.

Nach der Tauberbrücke rechts an der **Franzenmühle** vorbei ~ bei der **Gossenmühle** wieder das Ufer wechseln ~ an der Weggabelung links halten ~ links auf die **Landstraße** ~ Sie kommen nach Röttingen, in die Stadt der Sonnenuhren ~ es geht geradeaus zum Marktplatz mit dem Rathaus und den schönen Fachwerkhäusern.

Röttingen

PLZ: 97285; Vorwahl: 09338

- **Tourist-Information**, Marktpl. 1, ✆ 972855, www.röttingen.de
- **Die katholische Pfarrkirche St. Kilian** ist ein spätromanischer Bau aus dem 13. Jh.
- **St. Georgskapelle** (15. Jh.)
- **Hoher Bau** (13. Jh.). Dieser gehörte einst dem Deutschen Orden an.
- Den schönsten Teil des **mittelalterlichen Stadtkernes** bildet der **Marktplatz** mit seinem barocken **Rathaus** (1750) und seinen Fachwerkhäusern.
- Die **Stadtmauer** stammt aus dem 13. Jh. Sieben der ursprünglich 14 Türme sind noch erhalten.
- **Burg Brattenstein**. Der Hof der mittelalterlichen Burg ist die malerische Kulisse für das bekannte Freilichttheater, die Festspiele Röttingen an der Romantischen Straße.
- Der **Sonnenuhrenweg** Ungewöhnliche Zeitmesser auf ca. 2 km Länge rund um den Stadtkern.

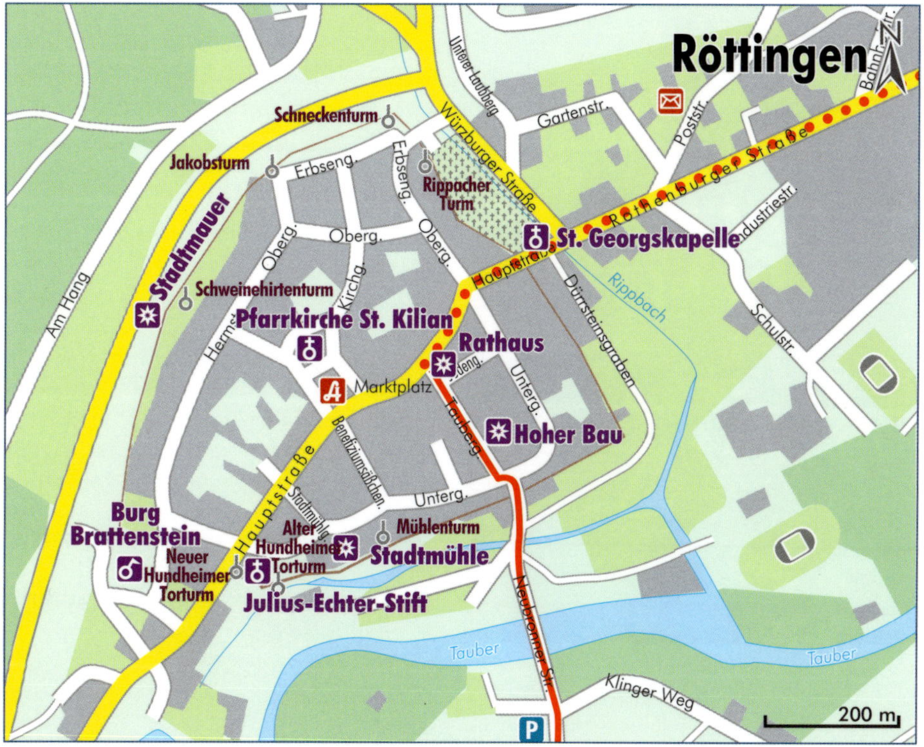

Die Geschichte von Röttingen lässt sich bis ins 5. Jahrhundert nach Christi zurückverfolgen. 1114 wird der Ort als fuldisches Lehen im Besitz der Herren von Hohenlohe genannt und im 13. Jahrhundert erstmals als Stadt erwähnt. In dieser Zeit entstand auch die Stadtmauer mit 14 Wehrtürmen, von denen heute noch sieben erhalten sind, sowie die ältesten Teile der Burg Brattenstein. Im Jahre 1345 fiel Röttingen aufgrund hoher Verschuldung an Würzburg. Nach den Bauernkriegen erlebte Röttingen einen wirtschaftlichen Aufschwung, hauptsächlich bedingt durch den florierenden Weinanbau. Heute präsentiert sich das entzückende Städtchen mit einem einheitlich historischen Stadtbild, dessen Mittelpunkt das barocke Rathaus bildet.

Vom **Marktplatz** links in die **Taubergasse** ~ nach der Brücke auf der **Neubronner Straße** Röttingen verlassen ~ am Ortseingang von Tauberrettersheim rechts in die **Mühlenstraße**.

Tauberrettersheim

PLZ: 97941; Vorwahl: 09338

- **Gemeindeamt**, Bergstr. 1, ✆ 462
- **Pfarrkirche St. Vitus**
- **Historische Tauberbrücke**

Das mehr als 900 Jahre alte Tauberrettersheim liegt umgeben von Weinbergen und Wiesen. Die sechsbogige Steinbrücke mit dem Brückenheiligtum Nepomuk ist die schönste Tauberbrücke des ganzen Tales. Sie wurde 1733 vom bekannten Barockbaumeister Balthasar Neumann geschaffen, der auch die Würzburger Residenz baute.

Nach der Steinbrücke schnurgerade durch die Landschaft ~ an der T-Kreuzung links.

AUSFLUG Schon bald zweigt der Planetenweg nach links ab, den wir allen an Astronomie Interessierten empfehlen möchten.

Der Planetenweg ist eine „astronomische Kuriosität". Entlang des Planetenweges sind das

Sonnensystem mit der Sonne als zentralem Gestirn und die neun Planeten im Maßstab 1:1 Milliarde dargestellt, dabei entspricht ein Meter auf diesem Weg einer Million Kilometer im Sonnensystem. Der Weg führt an der Sternwarte vorbei bis ins sechs Kilometer entfernte Neubronn.

Auf der **Schäftersheimer Straße** nach Weikersheim ⤳ geradeaus in den **Friedhofsweg** ⤳ links in die **Goethestraße** ⤳ an der Hauptstraße rechts und nach der Brücke gleich wieder rechts auf den Parkplatz einbiegen ⤳ über den Parkplatz, dann links halten und über das Hl. Wöhr hinauf zum **Marktplatz.**

Weikersheim

PLZ: 97990; Vorwahl: 07934

- **Städtisches Kultur- und Verkehrsamt**, Marktpl. 7, ✆ 10255, www.weikersheim.de
- **Tauberländer Dorfmuseum**, Marktplatz, ✆ 1209, ÖZ: April-Okt., Fr-So/Fei 13.30-17 Uhr. Die größte Sammlung ländlichen Kulturgutes in Tauberfranken, darunter Möbel, Trachten und Arbeitsgeräte aus dem 18. und 19. Jh., veranschaulicht die Geschichte des dörflichen Alltags.

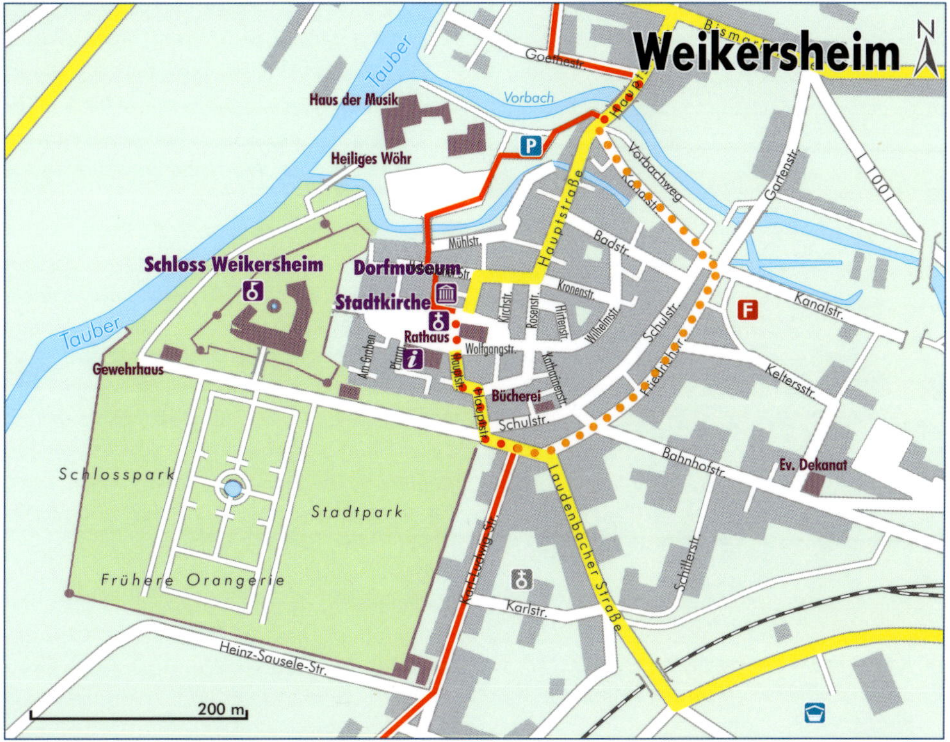

Schloss Weikersheim

🏛 **Museum im und am Gänsturm**, Hauptstr. 42, ✆ 1209, ÖZ: April-Okt., So/Fei 13.30-17 Uhr. Hier wird lokale Geschichte lebendig.

♿ **Schloss Weikersheim mit Garten und Alchemieausstellung**, ✆ 992950, April-Okt., Mo-So 9-18 Uhr, Nov.-März, Mo-So 10-12 Uhr und 13-17 Uhr. Das Renaissance-Schloss weist eine fast vollständige Innenausstattung aus dem 17./18. Jh. auf. Der Schlosspark ist im barocken Stil von Versailles angelegt und der Rittersaal zählt zu den Meisterwerken deutscher Renaissancekunst.

Velo-Seyfer, Schäftersheimer Str. 44, ✆ 297

Weikersheim wurde im Jahre 837 anlässlich seiner Schenkung an das Kloster Fulda als Wichartesheim erstmals erwähnt. Das fränkische Fürstengeschlecht, das 1153 als Herren von Weikersheim in Erscheinung tritt, wurde 1244 als Grafen von Hohenlohe bekannt. Es gelang dieser Familie, ein beinahe geschlossenes Territorium im Gebiet der Tauber aufzubauen, das erst Anfang des 19. Jahrhunderts zerfiel und zwischen Baden-Württemberg und Bayern aufgeteilt wurde.

Weikersheim, der Stammsitz der Grafen von Hohenlohe, erhielt zu Beginn des 14. Jahrhunderts das Stadtrecht und ist heute noch weithin bekannt durch das eindrucksvolle Residenzschloss, mit dessen Bau im 16. Jahrhundert an der Stelle eines ehemaligen mittelalterlichen Wasserschlosses begonnen wurde. Die Fertigstellung erfolgte im 18. Jahrhundert. Die Hauptattraktion des Renaissanceschlosses ist der monumentale Rittersaal, der sich mit seiner Höhe von neun Metern über zwei Stockwerke ausdehnt, und von einer riesigen Kassettendecke abgeschlossen wird. Die Jagdszenen malte Balthasar Katzenberger in den Jahren 1600-01. Besonders sehenswert ist auch der gut erhaltene, französische Barockgarten mit einer Vielzahl von Statuen.

Der kunstvolle, rechteckige Marktplatz ist Mittelpunkt und Ausgangspunkt für alle Sehenswürdigkeiten der Stadt. Im Jahre 1719 begann J. C. Lüttich mit der Erbauung des Platzes, dessen Mittelpunkt ein Rokokobrunnen aus dem Jahre 1768 bildet. Barocke Amtshäuser, die 1419 erbaute, spätgotische Hallenkirche, die evangelische Stadtkirche und das Schloss umgeben den Platz, der die auf das Schloss bezogene Stadtanlage vervollständigen soll.

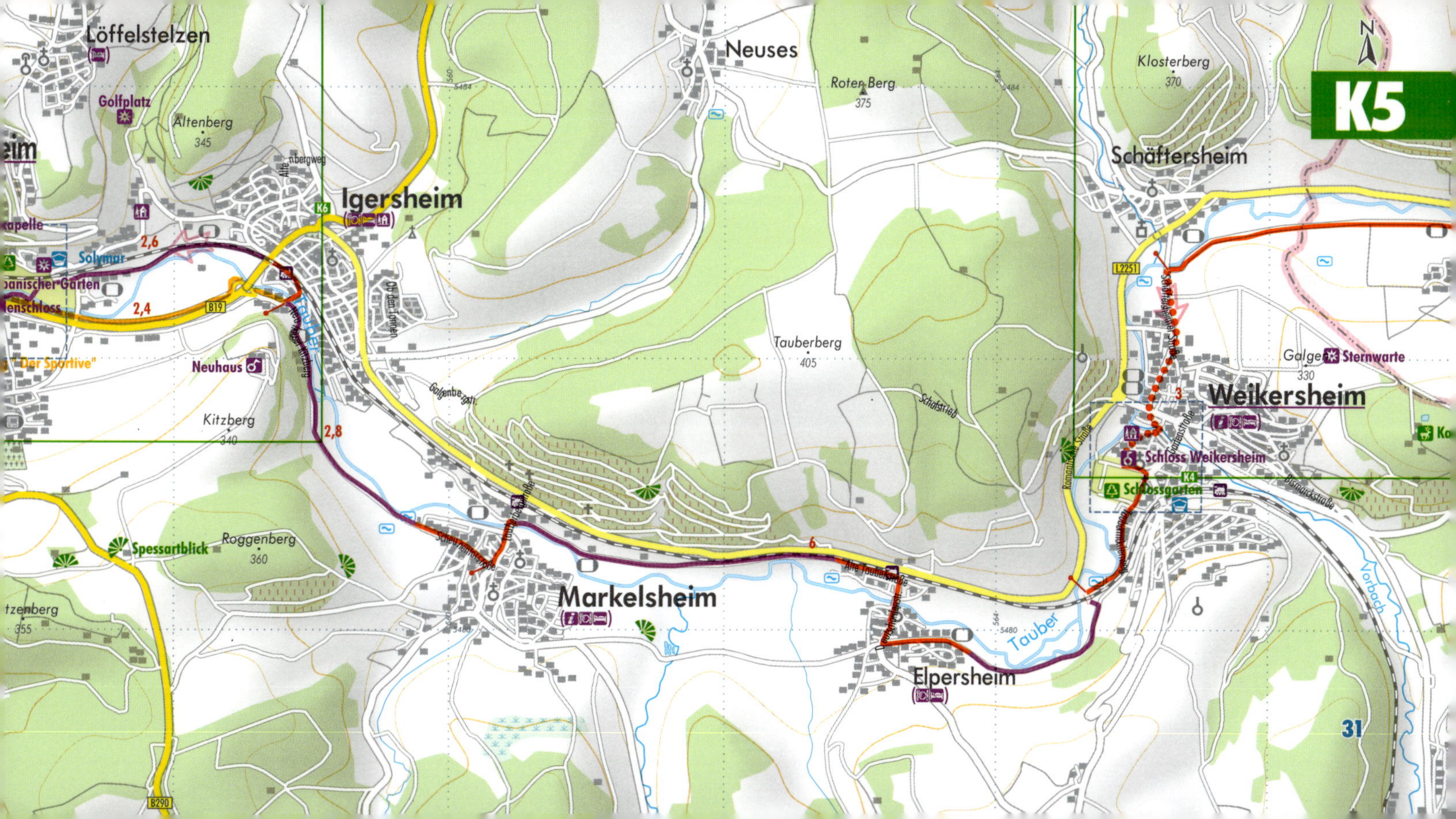
K5
Löffelstelzen
Golfplatz
Altenberg
345
Altenbergweg
Igersheim
K6
Neuses
Roter Berg
375
Klosterberg
370
Schäftersheim
L2251
Solymar
2,6
2,4
B19
Tauber
Neuhaus
"Der Sportive"
Kitzberg
340
2,8
Tauberberg
405
Schafstrieb
Galgenbergstr.
Galgen
330
Sternwarte
3
Weikersheim
Schloss Weikersheim
K4
Schlossgarten
Bismarckstraße
Romantische Straße
Gartenstraße
Spessartblick
Roggenberg
360
6
Alte Tauberstraße
Markelsheim
Elpersheim
Tauber
Vorbach
B290

Weikersheim

Von Weikersheim nach Bad Mergentheim 14 km

An der Stadtkirche rechts und auf der **Hauptstraße** weiter ~ nach einer leichten Steigung vor der Volksbank rechts in die **Karl-Ludwig-Straße** ~ auf dem **Taubermühlenweg** aus Weikersheim hinaus ~ unter der Eisenbahnbrücke durch, auf dem Radweg bis nach Elpersheim.

Elpersheim

An der Kreuzung rechts in die **Deutschordenstraße** ~ die Tauber überqueren ~ vor den Bahngleisen links in die **Alte Taubertalstraße** ~ vorbei an bunten Gemüsegärten ~ zur Rechten die Weinberge, kommen Sie nach Markelsheim.

Bei der Kreuzung links über die Brücke in die **Tauberbergstraße**, rechts liegt der Bahnhof von Markelsheim.

Markelsheim

An der **Scheuerntorstraße** rechts abbiegen ~ dann verläuft der Weg wieder entlang der Tauber ~ rechts beim Weinverkauf vorbei ~ nach etwa 2,5 km erreichen Sie Igersheim auf dem **Neuhäuser Kitzberg** unterhalb der ehem. Deutschordensburg Neuhaus.

Igersheim

PLZ: 97999; Vorwahl: 07931

i **Rathaus**, Möhlerpl. 9, ✆ 4970

🏛 **Heimatmuseum**, im Kulturhaus neben der Kirche, Schulstr. 9, ✆ 3617, ÖZ: jeden 2. und 4. So im Monat, während der Sonderausstellungen So von 14-17 Uhr. Neben Sonderausstellungen werden dem Besucher handwerkliche Berufe aus der näheren Umgebung präsentiert. Besonderheiten sind die vollständige antike Schusterwerkstatt und der Backofen.

Nach rechts über die Brücke ~ danach gleich links ~ entlang der Bahnlinie am Stadion

Weingärten bei Markelsheim

vorbei, unter einer Brücke hindurch Richtung Bad Mergentheim.

Bad Mergentheim

PLZ: 97980; Vorwahl: 07931

Tourist-Information, Marktpl. 1, ✆ 574815, www.bad-mergentheim.de

Deutschordensmuseum im Deutschordenschloss, ✆ 52212, ÖZ: April-Okt., Di-So/Fei 10.30-17 Uhr, Nov.-März, Di-Sa 14-17 Uhr, So/Fei 10.30-17 Uhr. Öffentl. Führungen: So/Fei 15 Uhr, Do 15.30 Uhr, jeden 2. und 4. Mo im Monat 19.30 Uhr. Sonderführungen für Gruppen und Schulklassen n. V. Themen des Museums sind die Ordens-, Stadt- und Regionalgeschichte. Gezeigt werden Fürstenwohnräume des Barock, Rokoko und Klassizismus, tauberländische Volkskunst, eine Sammlung historischer Puppenstuben und wechselnde Sonderausstellungen.

Münster St. Johannes und Museum, Ledermarkt 12, ✆ 98600, ÖZ: So 15-17 Uhr, Führungen nach Absprache auch außerhalb der Öffnungszeiten. Der Münsterschatz von St. Johannes Baptist umfasst liturgische Gefäße und Geräte, die die 500-jährige Gold- und Silberschmiedekunst bedeutender fränkischer und Augsburger Meister dokumentieren. Sehenswert ist auch die Eck'sche Kapelle, die von Freiherr von Eck, Statthalter des Deutschen Ordens, im Jahr 1607 als Grabkapelle errichtet wurde.

Die **Marienkirche** (14. Jh.) des einstigen Dominikanerklosters beherbergt im Innern bemerkenswerte Fresken.

Deutschordenschloss, ÖZ wie Deutschordenschloss, Der Gebäudekomplex ist durch einen Graben von der Stadt getrennt und entstand in dieser Form Mitte des 16. Jhs. Sehenswert sind auch die Schlosskirche (1730-35) und der Hofbrunnen.

Historische Altstadt. Der Marktplatz ist umgeben von schmucken Fachwerkhäusern aus der Zeit um 1500. Sehenswert ist auch das Rathaus mit seinem stattlichen Staffelgiebel.

Das **Kulturforum** präsentiert neben Werken Bad Mergentheimer Künstler in Sonderausstellungen auch Kleinkunst.

Solymar, Erlenbachweg, ✆ 965680. Der Bade-und Wellnesspark bietet ein Wellenbad, eine Wasserrutsche und eine großzügige Saunalandschaft.

Wildpark und Tiermuseum im Stadtwald Katzenberg, ✆ 41344, ÖZ: März-Okt., tägl. 9-18 Uhr, Nov.-April, Sa, So/Fei ab 10.30 Uhr bis zur Abenddämmerung; Fütterungszeiten: tägl. 9.45 Uhr und 13.30 Uhr. Der Wildpark ist der artenreichste Heimattierpark Europas. Zu sehen sind Bären, Wölfe, Luchse, Wildschweine, Berberaffen, Mufflons und viele andere Tiere.

Mott, Wilhelm-Frank-Str. 82, ✆ 52021

Fischer, Obere Mauerg. 61, ✆ 7703

Im Jahre 1058 wurde der Ort als fränkischer Königshof unter dem Namen „Merginthaim" erstmals beurkundet. Im 12. Jahrhundert gelangte die Grafschaft in den Besitz der Herren von Hohenlohe. Im Jahre 1219 schenkten sie das gesamte Gebiet dem ansässigen Deutschen Orden. Der Ort erlebte von da an einen raschen Aufstieg und wurde im Jahre 1340 zur Stadt erhoben. Im Jahre 1525 verlegte der Deutsche Orden den ständigen Hauptsitz seiner Hoch- und Deutschmeister nach Mergentheim, wo er bis 1809 residierte. In dieser Zeit erlebte die Stadt unter der Herr-

schaft des geistlichen Ritterordens eine Zeit der kulturellen Blüte und des wirtschaftlichen Reichtums. So brachte der Hochmeister Maximilian Franz, Sohn von Kaiserin Maria Theresia, den jungen Komponisten Ludwig van Beethoven 1791 nach Mergentheim.

Napoleon löste den Deutschen Orden auf und sprach Mergentheim dem König von Württemberg zu. Mit der Zerschlagung der Besitztümer durch König Friedrich im Jahre 1809 hatte die glanzvolle Zeit ein Ende.

Ihre zweite Blütezeit erlebte die Stadt nach der Entdeckung der salzhaltigen Heilquellen, die der Stadt eine vollkommen neue Entfaltungsmöglichkeit bot. Dies alles begann, wie die Geschichte erzählt, am Morgen des 13. Oktober 1826, als der Schäfer Franz Gehrig seine Schafe rechts der Tauber weiden ließ. Es war ein heißer Sommer gewesen, der den Wasserspiegel der Tauber stark abgesenkt hatte. Die Schafe entdeckten die Sickerquelle, die nun nicht mehr unbemerkt unterhalb des Wasserspiegels in die Tauber abfließen konnte, sondern an die Oberfläche sprudelte.

Der Entdecker der heilbringenden Quellen selbst hatte jedoch Pech. Er ließ sich als Brunnenmeister anstellen. Doch nach kürzester Zeit war das junge Bad so verschuldet, dass man den Schäfer ohne Entschädigung entließ. Franz Gehrig starb 1851 vollkommen verarmt und vergessen.

In den folgenden Jahren bis zu Beginn des 20. Jahrhunderts wurden weitere Quellen erschlossen. Seit 1926 ist Mergentheim ein anerkannter und sehr bekannter Bade- und Kurort.

Von Bad Mergentheim nach Lauda-Königshofen — 12 km

Der Goten, Königshofen

AUSFLUG Von Bad Mergentheim können Sie einen Ausflug ins 6 Kilometer entfernte Stuppach und zu Grünewalds Stuppacher Madonna unternehmen (s. auch Stuppach).

TIPP Da Stuppach am „sportiven" Teil des Radweges „Liebliches Taubertal" liegt, können Sie auch überlegen, ob Sie an dieser Stelle die große

Bad Mergentheim
Wolfgangskapelle
Theodor-Klotzbücher-Straße
Tauber
Löffelselzer Straße
Bismarckstraße
Klinik
Herrenwiesenstraße
Wolfgangstraße
Kursaal
Riedstraße
Denni-Hoffmann-Str.
Wachbach
Johann-Hammer-Str.
Gartenweg
Dr.-Leopold-Weg
Lothar-Daiker-Str.
Bade- und Wellnesspark Solymar
Herrenmühlstr.
Japanischer Garten
Bahnhof
Schäfer-Gehrig-weg
Karlsbad
Karlsquelle
Schäfer-Gehrig-Weg
Bahnhofsplatz
Poststraße
Zaisenmühlstr.
neues Rathaus
Kurpark
Albertquelle
Graben
Halbmondhäuschen
Mauerg.
Bahnhofstr.
Münzg.
Mörikestr.
Törkelg.
Reichsg.
Tauber
Gänsmarkt
Nonneng.
St. Martin
Johanniterhof
Deutschordenschloss u. -museum
Schlosspark
Rollschuhplatz
Holzapfelg.
Kirchstr.
Schellenhäuschen
Pfarrgang
Münster St. Johannes
Untere
Ledermarkt
Schlosskirche
Unterer
Enteng.
Mühlwehrstr.
Igersheimer Straße
Burgstr.
Kapuzinerstr.
Lorenz-Fries-Str.
Marktplatz
Rathaus
Hammelgasse
Krumme
Krämersgasse
Neffen-
Milchlingsstr.
Mittlerer Graben
Boxberger Str.
Obere
Ochseng.
Gasse
Türkeng.
Frankenstr.
Nach Stuppach
Kolpingstr.
Schlossgarten
Wettg.
H.-H.-Ehrler-Platz
Marienkirche
Kapuzinerkloster
Cronbergstr.
Pestalozziweg
Roikreuzstr.
Kulturforum
Schulg.
Mauerg.
Fahrradbox
Kath. Gemeindehaus
Keplerstr.
200 m

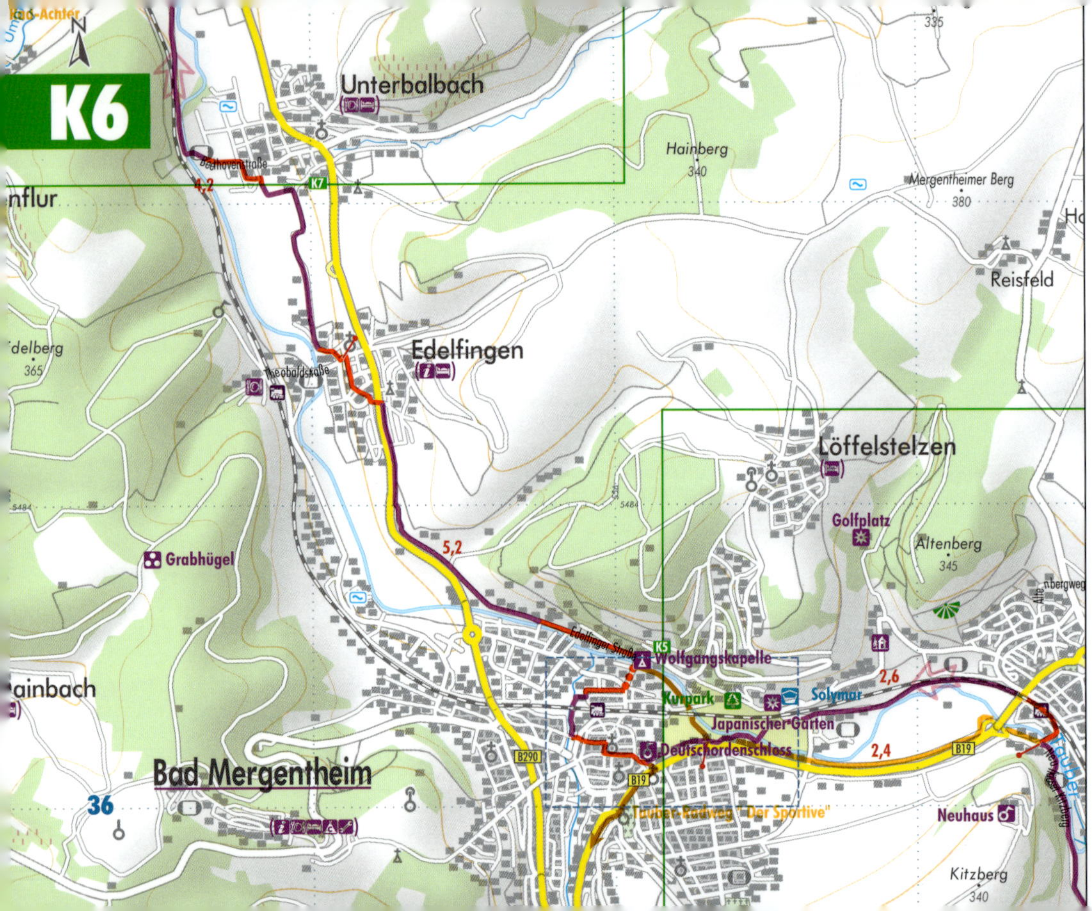

Runde wie eine Acht „durchschneiden". Sehen Sie hierzu auch den Tipp in der Einleitung.

Sie fahren durch den **Schlosspark** ~ rechts in die **Kapuzinerstraße**, links in die **Burgstraße** ~ geradeaus über den **Marktplatz** ~ geradeaus in die **Mühlwehrstraße** ~ rechts in die **Kirchstraße** ~ links in die **Holzapfelgasse** ~ an der Kreuzung mit der **Untere Mauergasse** gerade drüber in die **Mörikestraße** ~ danach gleich wieder rechts ~ rechts in die **Johann Hammer Straße** ~ links in die **Wolfgangstraße** ~ nach der Tauberbrücke links in die **Edelfinger Straße**, die in einen autofreien Radweg übergeht ~ nach knappen 3 km entlang der B 290 erreichen Sie **Edelfingen**. Sie überqueren die Hauptstraße in die **Altenfranken Straße** hinunter ~ an der nächsten Kreuzung rechts ~ links in die **Theobaldstraße.** Rechts in die **Tauberstraße** ~ dann links in den **Gäulgraben** ~ bei der Weggabelung rechts in den Radweg.

Edelfingen

Dem Straßenverlauf folgend weiter nach **Unterbalbach** ~ an der Kreuzung links in die **Beethovenstraße** ⇝ bei der nächsten Kreuzung geradeaus ⇝ nach der Brücke rechts, geradeaus in den Ortsteil Königshofen des Doppelstädtchens Lauda-Königshofen.

Königshofen

PLZ: 97922; Vorwahl: 09343

- **Touristinformation Lauda-Königshofen**, in Lauda, Marktplatz 1, ✆ 501128, www.lauda-königshofen.de
- **Nachklassizistische kath. Pfarrkirche St. Mauritius** (1836) mit barocker Ausstattung und romanischem Turm (um 1200)
- **Fachwerkhäuser: „Goten"** (1544) – ehem. Zehntscheune und das **„Hohe Haus"**
- **Natur- und Kulturlehrpfad Beckstein-Königshofen.** Eine ausführliche Broschüre erhalten Sie bei der Touristinformation.

An der Kreuzung links abbiegen, danach gleich wieder rechts in die **Eisenbahnstraße** ⇝ nach den letzten Häusern weiter auf einem

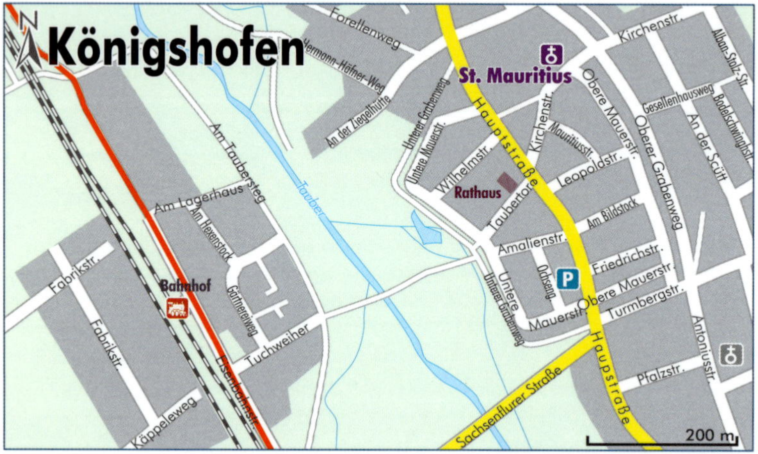

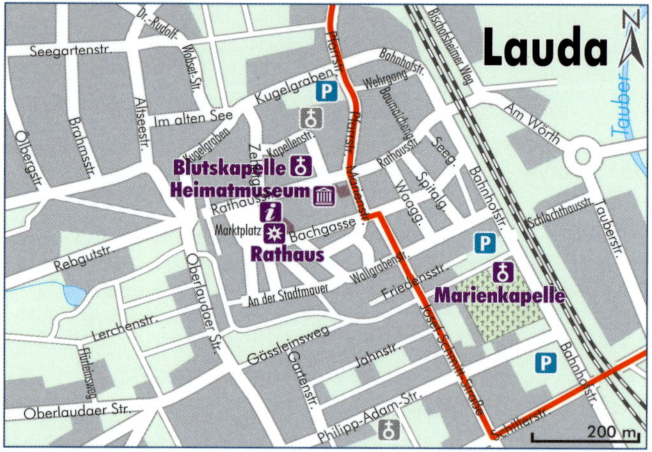

Radweg, Lauda erreichen Sie über das Industriegebiet.

Von der **Tauberstraße** links ab in die **Schlachthausstraße** ⁓ durch eine kleine Unterführung ⁓ danach die **Bahnhofstraße** überqueren ⁓ geradeaus in den **Gässleinsweg** ⁓ rechts ab in die **Josef-Schmitt-Straße** ⁓ links in die **Bachgasse** ⁓ gleich wieder rechts in die **Marienstraße.**

Lauda

PLZ: 97922; Vorwahl: 09343

- **Touristinformation Lauda-Königshofen**, Marktplatz 1, ✆ 501128, www.lauda-königshofen.de
- **Heimatmuseum**, Rathausstr. 23, ✆ 4517, ÖZ: April-Okt., So/Fei 15-17 Uhr. Das Museum befindet sich im Geburtshaus von Dr. Phillip Adam Ulrich, Reformator der Landwirtschaft Frankens. Zu sehen sind Sammlungen zur Wein- und Ackerbaukultur, zu bäuerlichem Leben und Handwerk im Taubertal.
- **Kath. Stadtpfarrkirche St. Jakobus** (1698) mit Renaissanceportal.
- **Das Obere Tor**, 1496 errichtet, und der fast 650 Jahre alte **Pulverturm** sind Relikte der mittelalterlichen Stadtbefestigung.
- **Historische Altstadt** mit Fachwerkgebäuden: z. B. Altes Rathaus mit Mariensäule, Badstube, Geburtshaus von Dr. Phillip Adam Ulrich.
- **Gotische Tauberbrücke** (1512) mit Nepomukstatue
- **Stadtführungen**, auf Anfrage

Pfarrstraße in Lauda

Freibad, Badstraße, ÖZ: Mai-Aug., Mo-Fr 9-20 Uhr, Sa, So/Fei 8-20 Uhr

Mott, Rathausstr. 3-7, ✆ 8039

Königshofen wurde erstmals im Jahre 741 als Kunegeshoven und Lauda im Jahre 1135 als Ludun urkundlich erwähnt. Die Region blickt aber bereits auf keltische Besiedlung zurück.

Nachdem der Ort im Jahre 1344 durch Kaiser Ludwig den Bayern die Stadtrechte zugesprochen bekam, begann man mit dem Bau der Stadtbefestigung. Nach einer wechselvollen Geschichte kam Lauda zu Beginn des 16. Jahrhunderts zum Herzogtum Franken und blühte als Oberamtsstadt der Würzburger Bischöfe zusehends auf. Unter Napoleon ging das Städtchen dann an das Großherzogtum Baden. Im Jahre 1975 wurde die heutige Stadt Lauda-Königshofen aus 12 Städten und Gemeinden neu gebildet.

Besonders empfehlenswert ist ein Spaziergang durch die Altstadt von Lauda. Neben den gut erhaltenen Fachwerksbauten können Sie auch das Obere Tor bewundern, welches einen Teil der mittelalterlichen Stadtbefestigung darstellt.

Jedes Jahr am 2 Wochenende im Juni findet in Alt-Lauda ein traditionelles Weinfest statt. Dabei laden in der Altstadt von Lauda neben erlesenen Weinen und kulinarischen Köstlichkeiten auch Musik, Gesang, Tanz und allerlei andere kulturelle Darbietungen zum Verweilen ein

Tauberbrücke in Lauda

Bildstock am Oberen Tor, Lauda

Von Lauda-Königshofen nach Tauberbischofsheim 8 km

Sie verlassen Lauda auf der **Pfarrstraße** ⇝ am Ortsausgang steht wieder ein Radweg zur Verfügung ⇝ an der Kreuzung nach der Eisenbahnbrücke links abbiegen ⇝ eben und schnurgerade geht es nach Distelhausen.

Distelhausen

PLZ: 97941; Vorwahl: 09341

Bauernhofmuseum, Lindenstr. 19, ✆ 848689, ÖZ: n.V. Gezeigt werden landwirtschaftliche Geräte aus der Vergangenheit.

St. Markuskirche, Wolfgangstr. 2. Die Barockkirche wurde in den Jahren 1731-1738 nach Plänen von Balthasar Neumann erbaut.

Weiter Richtung Dittigheim ⇝ an der **Wolfgangskapelle** aus dem Jahr 1472 und einem **Friedhof** vorbei ⇝ unter der Autobahn hindurch und nach Dittigheim hinein.

Dittigheim

PLZ: 97941; Vorwahl: 09341

St. Vitus Kirche, Rathauspl. 2. Erbaut in den Jahren 1748-1752 nach Plänen von Balthasar Neumann.

Auch in Dittigheim begrüßen Sie die bunten Blumen- und Gemüsegärten ⇝ an der Kreuzung geradeaus in die **Untere Torstraße,** vorbei an der Kirche und am Gasthaus zum Engel ⇝ ab dem Ortsausgang wieder auf

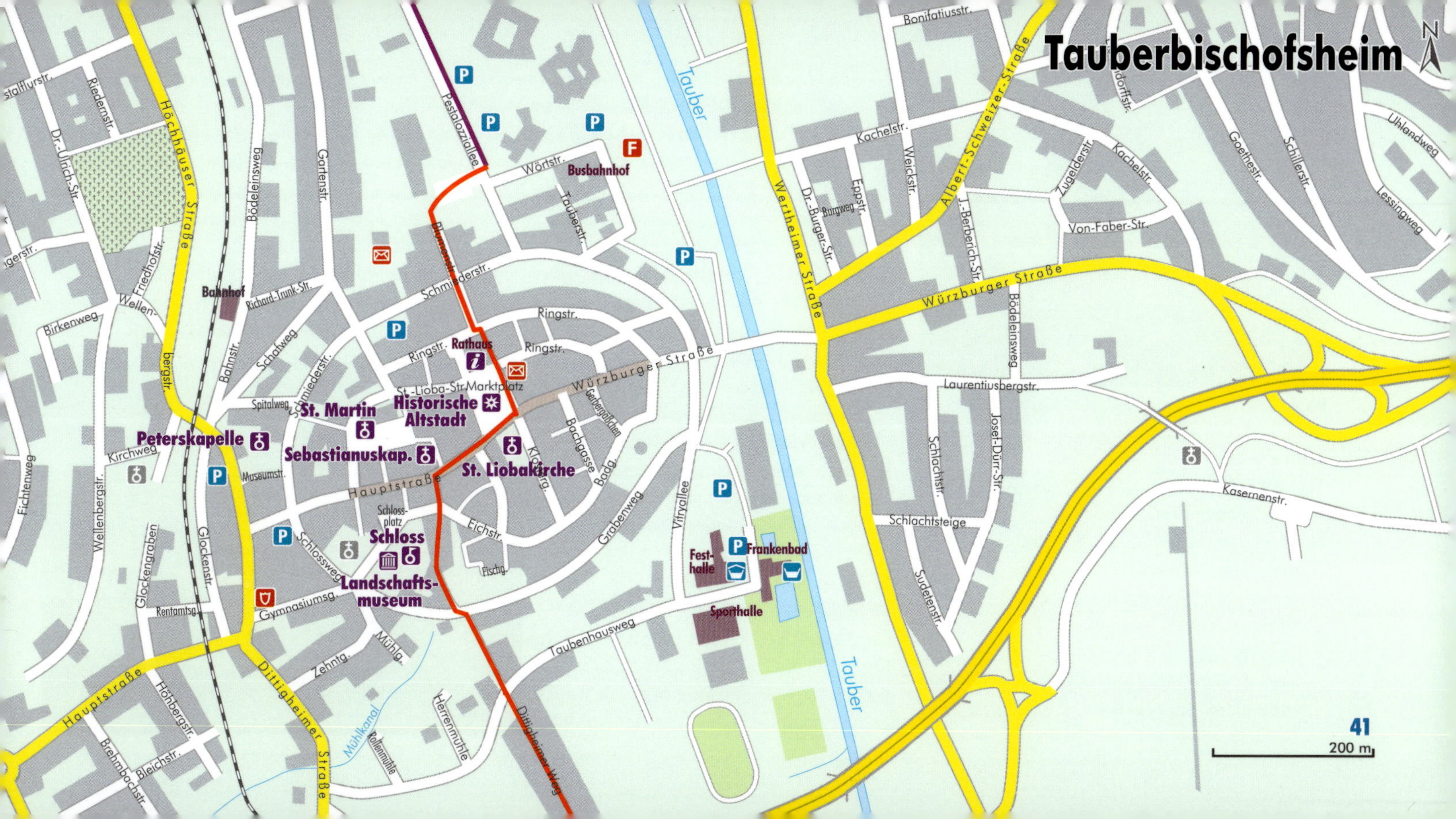
Tauberbischofsheim
N
200 m
Busbahnhof
Bahnhof
Rathaus
Marktplatz
Historische Altstadt
St. Martin
Peterskapelle
Sebastianuskap.
St. Liobakirche
Schlossplatz
Schloss
Landschaftsmuseum
Fest-halle
Frankenbad
Sporthalle
Tauber
Mühlkanal
Höchhäuser Straße
Würzburger Straße
Hauptstraße
Dittigheimer Straße
Dittigheimer Weg
Wertheimer Straße
Albert-Schweizer-Straße
Pestalozziallee
Wörtstr.
Tauberstr.
Blumenstr.
Schmiederstr.
Ringstr.
St.-Lioba-Str.
Richard-Trunk-Str.
Bahnstr.
Schafweg
Spitalweg
Bödeleinsweg
Gartenstr.
Riedernstr.
Dr.-Ulrich-Str.
Friedhofstr.
Wellenbergstr.
Birkenweg
Kirchweg
Fichtenweg
Museumstr.
Glockenstr.
Glockengraben
Rentamtsg.
Gymnasiumsg.
Schlossweg
Eichstr.
Fischg.
Klosterg.
Bachgasse
Gerbergäßchen
Badg.
Grabenweg
Vitryallee
Taubenhausweg
Zehntg.
Mühlg.
Herrenmühle
Rollenmühle
Höhbergstr.
Brehmbachstr.
Bleichstr.
Bonifatiusstr.
Kachelstr.
Weickstr.
Eppstr.
Burgweg
Dr.-Burger-Str.
J.-Berberich-Str.
Zugelderstr.
Von-Faber-Str.
Goethestr.
Schillerstr.
Uhlandweg
Lessingweg
Laurentiusbergstr.
Schlachtstr.
Josef-Dürr-Str.
Schlachtsteige
Sudetenstr.
Kasernenstr.

Dittigheim

einem Radweg auf dem **Dittigheimer Weg** erreichen Sie den Schlossplatz in Tauberbischofsheim.

Tauberbischofsheim

PLZ: 97941; Vorwahl: 09341

- **Tourist-Information**, Marktpl. 8, ✆ 80313 u. 80333, www.tauberbischofsheim.de
- **Tauberfränkisches Landschaftsmuseum**, im Kurmainzischen Schloss, ✆ 3399, ÖZ: Palmsonntag-31 Okt., Di-Sa 14-16.30 Uhr, So/Fei 10-12 Uhr und 14-16.30 Uhr. Die Ausstellung bietet einen Überblick über verschiedene Aspekte der Regionalgeschichte. Gezeigt werden u. a. prähistorische Funde, kirchliche Kunst, barocke Möbel, Trachten und bäuerlicher Hausrat. Sehenswert sind, u. a. die Kopien der Tauberbischofsheimer Tafel, die von Matthias Grünwald gemalt wurden sowie das Stadtmodell „Tauberbischofsheim in der Mitte des 18 Jh.".
- **Kurmainzisches Schloss mit Türmersturm**. Mit dem Bau des weitläufigen Gebäudekomplexes wurde im Jahr 1250 begonnen. Bis ins 16. Jh. hinein wurde es mehrmals verändert und erweitert. Hier ist auch das „Tauberfränkische Landschaftsmuseum" untergebracht, in dem man z. B. das Stadtmodell von Tauberbischofsheim aus der Mitte des 18. Jhs. bewundern kann.
- **Stadtkirche St. Martin**. Erbaut 1910-14 im neugotischen Stil, enthält die Kirche mittelalterliche Kunstwerke, u. a. ein Steinrelief des Hl. Martin aus dem 9. Jh. und einen Marienaltar aus dem 16. Jh. mit Figuren der Ulmer Schule.
- **Historische Altstadt**. Das neugotische Rathaus, Fachwerkgebäude wie die Alte Post, die Sternapotheke, Patrizierhäuser und das Barockpalais „Mackert'sche Haus" am Marktplatz, Fußgängerzone.
- **2-Rad-Esser**, Daimlerstr. 5, ✆ 5118
- **Schunder**, Hauptstr. 96, ✆ 5008

Die Ursprünge Tauberbischofsheims, der Kreisstadt des Main-Tauber-Kreises, gehen auf eine Merowingersiedlung zurück. Im 8. Jahrhundert erhielt Bischof Bonifatius die Pfalz nach einer Schenkung von Karl Martell. Im Jahre 735 gründete der Bischof hier mit seiner Verwandten, der heiligen Lioba, das erste deutsche Frauenkloster. Die Töchter angesehener fränkischer Familien wurden in dem Kloster unterrichtet, ohne sich zum Ordenseintritt verpflichten zu müssen. Seinen wirtschaftlichen Aufstieg verdankt das hübsche Städtchen dem erfolgreichen Weinbau und der Lage am Kreuzungspunkt wichtiger Handelsstraßen.

Blick auf Tauberbischofsheim

Ende des 13. Jahrhunderts erhielt der blühende Ort als mainzische Amtsstadt Stadt- und Marktrecht. Gleichzeitig wurde mit dem Bau der Stadtbefestigung und des Schlosses begonnen. Der Turm des Schlosses, der Türmersturm, wäre 1848 beinahe abgerissen worden. Heute ist der Turm das Wahrzeichen von Tauberbischofsheim. Die Blütezeit der Stadt nahm mit dem Bauernkrieg ein jähes Ende, die Stadt verlor Privilegien und die Selbstverwaltung. Der Mainzer Erzbischof führte eine neue Stadtordnung ein, die die Rechte der Bürger stark einschränkte.

Heute ist Tauberbischofsheim berühmt für seine historische Altstadt mit Bauwerken aus verschiedenen Epochen und den schmucken Fachwerkhäusern sowie weltberühmt durch seine erfolgreichen Fechter am Olympiastützpunkt.

Von Tauberbischofsheim nach Kloster Bronnbach — 20 km

Geradeaus am Schloss und am **Schlossplatz** vorbei in die Fußgängerzone ~ rechts zum **Marktplatz** ~ rechts vorbei am Rathaus ~ in die **Blumenstraße** ~ rechts über den kleinen Parkplatz zur **Pestalozziallee**, dort links ~ auf dem erhöhten Radweg geht's bis fast ins 4 km entfernte Hochhausen ~ rechts in den Ort abbiegen.

Hochhausen

An der Kirche vorbei ~ geradeaus aus dem Ort hinaus ~ am rechten Tauberufer liegt Werbach.

ACHTUNG An dieser Stelle verlässt der Radweg „Romantische Straße" das Taubertal über Werbach Richtung Würzburg.

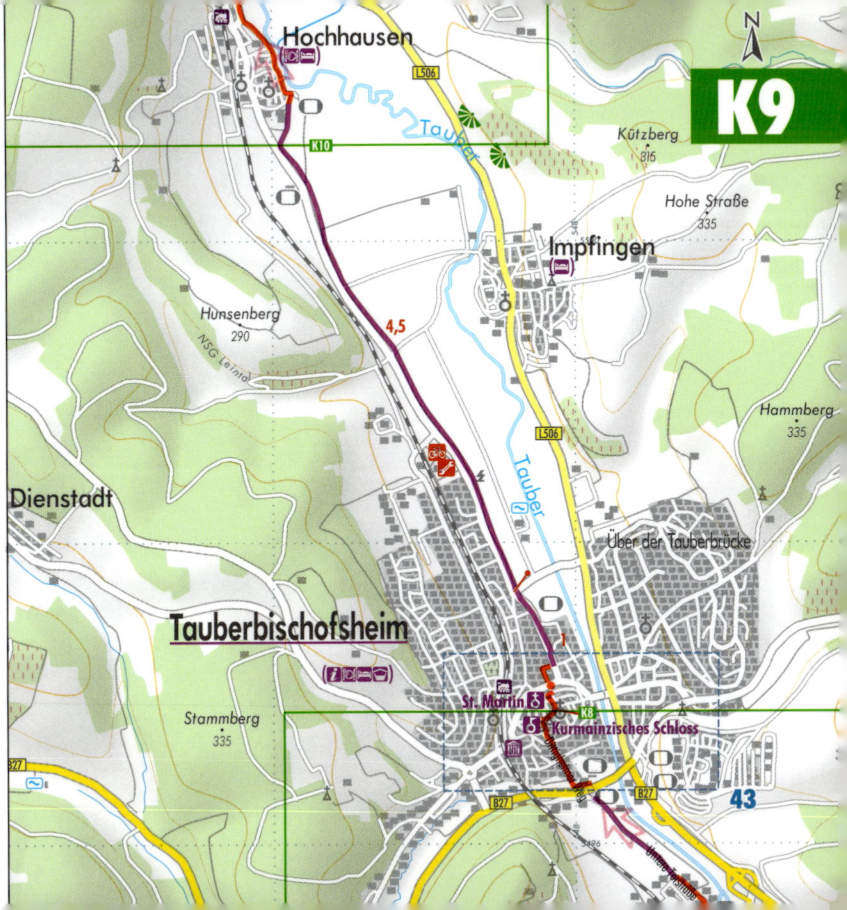

Werbach

PLZ: 97956; Vorwahl: 09341

Bürgermeisteramt Werbach, ☎ 92080, www.werbach.de

Wallfahrtskapelle Liebfrauenbrunn

An der Quelle in Werbach stand schon seit urdenklichen Zeiten ein Mutter-Gottes-Bild aus Stein. Am Anfang des 15. Jahrhunderts wurde die erste Kapelle an dieser Stelle errichtet. 1902 bekam die Kapelle ein verändertes Aussehen, als die Reste der alten Kapelle abgerissen wurden um einer neun Platz zu machen.

Weiter auf der linken Flussseite an Niklashausen vorbei.

Niklashausen

Die Ursprungsbesiedlung des kleinen Örtchens am Übergang vom Muschelkalk- zum Buntsandsteingebiet geht bis in die Hallstattzeit (500 bis 1200 v. Chr.) zurück.

Niklashausen wird auch als „Stadt des Pfeifers" bezeichnet. Das hat seinen Ursprung im 15. Jahrhundert. Damals wurden die Bauern unterdrückt und mussten neben dem Zehnt für die Kirche und dem Zehnt für den Grundherren viele Abgaben leisten.

Damals lebte in Niklashausen ein junger Viehhirt namens Hans Beheim, der Sackpfeife spielen konnte, was ihm den Namen „Pfeifer-Hans" einbrachte. Er konnte die Ungerechtigkeiten der Welt nicht mehr ertragen und

Rathaus Tauberbischofsheim

begann gegen die Fürsten und Pfaffen zu schimpfen, die ihre Untertanen ausbeuteten und unterjochten. Seine sozialrevolutionären und religiösen Predigten lockten die Menschen von überall her an; aus dem Allgäu und aus Schwaben kamen die Bauern, um den Worten des Viehhirten zu lauschen.

Bald galt er nicht mehr als Pfeifer-Hans, sondern als der „Heilige Jüngling", auf den

auch die Herrschenden von Würzburg und Wertheim aufmerksam wurden. Mit wachsender Besorgnis beobachteten sie sein aufrührerisches Treiben. Als er am 13. Juli 1476 alle Männer in Niklashausen zusammenrief und sie aufforderte, alle Waffen mitzubringen, die sie besäßen, ließ ihn Bischof Rudolf von Würzburg in einer „Nacht- und Nebelaktion“ festnehmen. Der „Heilige Jüngling“ wurde auf dem Scheiterhaufen verbrannt. Doch konnte damit der Bauernkrieg, der wenige Jahrzehnte später aufflammte, nicht verhindert werden und die meisten Forderungen des Pfeifer-Hans fanden sich in

den 12 Artikeln der Bauernführer (u. a. Götz von Berlichingen) wieder.

Unter der Eisenbahn durch, dann nach **Gamburg** hinein ~ auf der **Schulstraße** zum Dorfbrunnen ~ geradeaus weiter in die **Uissigheimer Straße** ~ an der Kreuzung zweigt die Route dann nach rechts ab.

Gamburg

PLZ: 97956; Vorwahl: 09348

Bürgermeisteramt Werbach, ✆ 92080

Burg Gamburg. Die Burg aus dem 12. Jh. mit ihrem mächtigen Bergfried erhebt sich stolz über dem Dorf. Über Jahrhunderte war sie ein Lehen des Erzstiftes Mainz. Heute befindet sie sich im Privatbesitz und kann nicht besichtigt werden.

Eulschirbenmühle (12. Jh.), ca. 1,5 km tauberabwärts. Beim Bau der Mühle wurden Tonscherben von Töpfen, sogenannte „Eulen“, aus unbekannter Epoche gefunden. Daher der Name der Mühle und des Ortes. Die Mühle wurde im 16. Jh. im üppigen Renaissance-Stil neu errichtet.

Hier an den Ufern der Tauber in der Nähe der Gamburg erzählt man sich die Sage von der schönen Melusine. In der Eulschirbenmühle diente ein wunderschönes Mädchen dem Müller als Magd, verschwand jedoch regelmäßig am Donnerstagabend spurlos, um ebenso plötzlich am Samstag wieder aufzutauchen. Der Graf der Gamburg war bezaubert von dem schönen Mädchen und beobachtete es eines Abends dabei, wie es am Ufer der Tauber ihre Kleider von sich warf und in die Fluten eintauchte. Aus Liebe versteckte er die Kleider der Flussnixe, die ihm fortan verfallen war. Er baute ihr ein Haus am Tauberufer, das unterhalb des Wasserspiegels genausoviele Zimmer hatte wie oberhalb und schwieg freundlicherweise über ihr Geheimnis.

Dies wollte aber dem Müller gar nicht gefallen, und er eilte ins Kloster nach Bronnbach, um bei den Mönchen um Rat zu bitten. Diese gaben ihm ein beschriebenes Blatt und geweihtes Wachs, mit dem er den dubiosen Zauber bannen könnte. Er legte beides am Samstagmorgen, als das Mädchen wieder erscheinen sollte, auf die Kellertreppe, und siehe da: Die schöne Melusine tauchte nie wieder im Taubertal auf.

Von Gamburg weiter zum ehemaligen **Kloster Bronnbach** ~ kurz vor Bronnbach geht der Radweg neben der Bahnlinie bergauf ~ an der Vorfahrtstraße rechts über die Brücke zum Kloster.

Kloster Bronnbach

Bronnbach

PLZ: 97877; Vorwahl: 09342

♁ **Kloster Bronnbach**. Das ehemalige Zisterzienserkloster wurde Mitte des 12. Jhs. gegründet. Sehenswert sind das Innere der Kirche sowie der Kreuzgang aus dem 13. Jh.

Die Abtei, ganz aus dem heimischen Buntsandsteinkalk und in typischer Zisterziensermanier an der Flanke eines Tales erbaut, lag ursprünglich in einem entlegenen Winkel des Taubertales. Nach den Regeln ihres Ordens widmeten sich die Mönche ganz der Bibellektüre und körperlicher Arbeit. Bis ins 14. Jahrhundert war

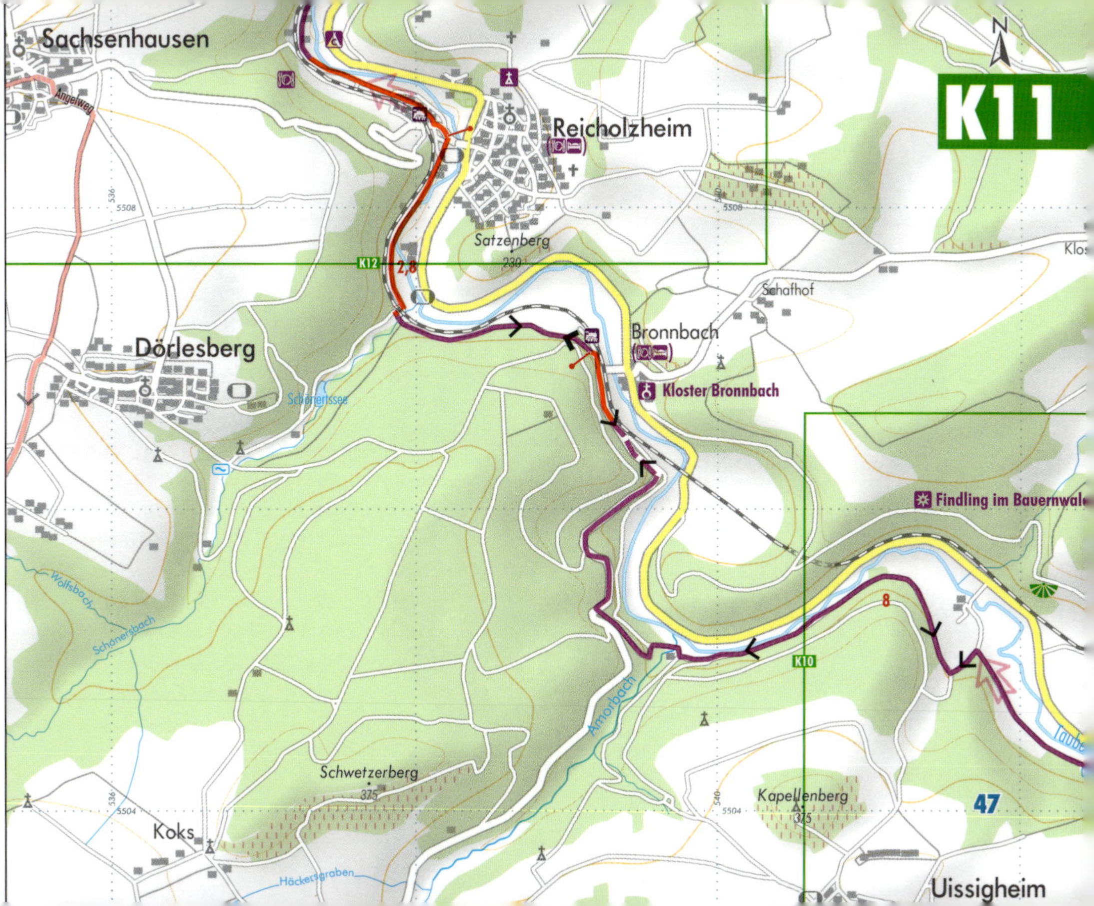

Kloster Bronnbach, Orangerie

der Wein Hauptausfuhrprodukt des Klosters, das damals auch für die Intensivierung des Weinbaus im Taubertal verantwortlich war.

Von Kloster Bronnbach nach Wertheim 8,5 km

Für die Weiterfahrt kehren Sie vom Kloster ans linke Ufer zurück ~ bei der Weggabelung links ab und steil bergauf ~ entlang der Bahn weiter ~ über die kleine Brücke ~ nach der Bahnunterführung halten Sie sich links, Richtung Reichholzheim.

Reicholzheim

Wein aus dem Bocksbeutel

Auch wenn das Taubertal seit der territorialen Neugliederung im Jahre 1810 zu Baden gehört, von der Seele der Menschen war es seit jeher Frankenland. Und so wundert es nicht, wenn auf den Flaschen der Winzer an der Tauber zu lesen steht: „Badisches Frankenland". Auch das Recht, jene seltsame, bauchige Flasche, den Bocksbeutel, verwenden zu dürfen, teilen sich die Taubertaler Winzer mit ihren fränkischen Kollegen. Dieses Markenzeichen jedes guten Frankenweines wurde wohl aus der Feldflasche entwickelt. Die Grenzen, innerhalb deren Wein in diese begehrten Flaschen abgefüllt werden darf, sind seit jeher Grund zu Streitigkeiten zwischen fränkischen, badischen und württembergischen Weinerzeugern.

Der Weinbau hat im Taubertal bereits zur Zeit der Christianisierung Einzug gehalten, im 17. Jahrhundert stellte das ganze Frankenland einen riesigen zusammenhängenden Weingarten dar. Wein, zu dieser Zeit in unvorstellbaren Mengen von jedermann genossen, stellte die Grundlage für Wohlergehen oder Armut des Landes dar. Heute ist der Weinbau stark zurückgegangen, Franken zählt zu den kleinen, aber qualitativ hochwertigen Weinbaugebieten Deutschlands. Jahrhundertelang beherrschte die Silvanerrebe die Weinberge. In den letzten 20 Jahren wurde dieser kräftige, harmonische Wein von der

Kloster Bronnbach, Kreuzgewölbe

Müller-Thurgau-Rebe überholt, eine frühreife Sorte mit leichten, milden Weinen, die auch in nicht so sonnenreichen Jahren ihr Aroma entfalten kann. Vereinzelt wird auch Traminer, Riesling und Rieslaner, eine Kreuzung zwischen Riesling und Silvaner, angepflanzt. Ebenso wichtig für den Geschmack des Weines ist die Gesteinsart, auf der er wächst. Der mit Tonmergeln versetzte Muschelkalk des Taubertales bildet eine nährstoffreiche, hitzeabstrahlende und wasserdurchlässige Grundlage für Qualitätswein. Durch den Einsatz moderner Berieselungsanlagen können auch die Maifröste und die sommerliche Trockenheit dem Wein nichts anhaben.

In den zahlreichen Gaststätten und Weinkellern fällt es sicher nicht schwer, den Frankenwein ausreichend zu kosten und mehr über ihn zu erfahren.

An der Vorfahrtstraße links Richtung Wertheim ~ dann rechts Richtung Campingplatz in die Straße **Zum Ottersberg** ~ weiter auf der **Anliegerstraße** Richtung Waldenhausen.

Waldenhausen

Im Ort die Kreuzung überqueren ~ dann rechts in die **Rüdenholzstraße**,

Wertheim

Gemüsegärten säumen den Weg neben der Bahn nach Wertheim.

Wertheim

Vorwahl: 09342; PLZ: 97877

- **Tourist-Information**, Geberg. 16, ✆ 935090, www.wertheim.de
- **Glasmuseum**, Mühlenstr. 24, ✆ 6866, ÖZ: April-Okt., Mo 15-17 Uhr, Di-Do 10-17 Uhr, Fr-So/Fei, 13-18 Uhr, Weihnachtsausstellung 1. Advent-6. Jan., Gruppenführungen n. V. Die Ausstellung gibt einen Überblick über 3500 Jahre Glasherstellung und -verwendung; Glasbläservorführungen.
- **Grafschafts-Museum**, Rathausg. 10, ✆ 301511, ÖZ: ganzjährig, Di-Fr 10-12 Uhr und 14.30-16.30 Uhr, Sa 14.30-16.30 Uhr, So/Fei 14-17 Uhr. Das Historische Museum der Stadt und Grafschaft Wertheim zeigt Ausstellungen zu Kunst und Volkskunst aus der Grafschaft, wie Kleider und Trachten, außerdem Scherenschnitte und eine Münzsammlung. Von überregionaler Bedeutung sind eine Gemäldesammlung sowie das Otto-Modersohn-Kabinett.
- **Stiftskirche**, gotische Basilika aus dem 14. Jh. mit einem 33 m hohen Turm
- **Wertheimer Burg**, Schlossg. 11, ÖZ: 1 Woche vor Ostern bis 15.10, tägl. 9-22 Uhr, 16.10 bis 1 Woche vor Ostern tägl. 10.30-11 Uhr, Deutschlands zweitgrößte Burgruine
- **Schlösschen im Hofgarten**, Würzburger Str. 11, ÖZ: April-Okt., Mi-Sa 14-17 Uhr, So 12-18 Uhr. Schau bedeutender Kunstsammlungen
- Der **Engelsbrunnen**, eines der Wahrzeichen der Stadt, wurde im 16. Jh. aus einheimischem rotem Sandstein erbaut. Der Platz mit dem Brunnen wird von schönen Fachwerkhäusern umrahmt.
- **Kittsteintor und -turm**. Von hier eröffnet sich ein besonders schöner Blick auf die Stiftskirche und die Burg im Hintergrund.
- Der **Spitze Turm** am Mainplatz wurde um 1200 als Wach- und Aussichtsturm errichtet. Vom Turmstübchen aus hat man einen schönen Ausblick auf die Stadt.
- **Baumann**, Neben-Neug. 3-5, ✆ 1214
- **Bike & Sports**, Bahnhofs. 29, ✆ 913161
- **Baumann**, Nebenneug. 5, ✆ 1214

Die verwinkelte Altstadt Wertheims bezaubert mit anmutigen Fachwerkbauten aus dem Mittelalter und historischen Gebäuden aus rotem Buntsandstein. Am Marktplatz steht das schmalste Fachwerkhaus Frankens „das Haus der Ritter von Zobel". Genauso lohnend wie ein Rundgang durch die historische Altstadt ist der Weg zur Burgruine. Der Blick von oben auf die roten verschachtelten Dächer hat seinen ganz besonderen Reiz.

Die älteste Siedlung Wertheims entstand wahrscheinlich bereits im 8. Jahrhundert

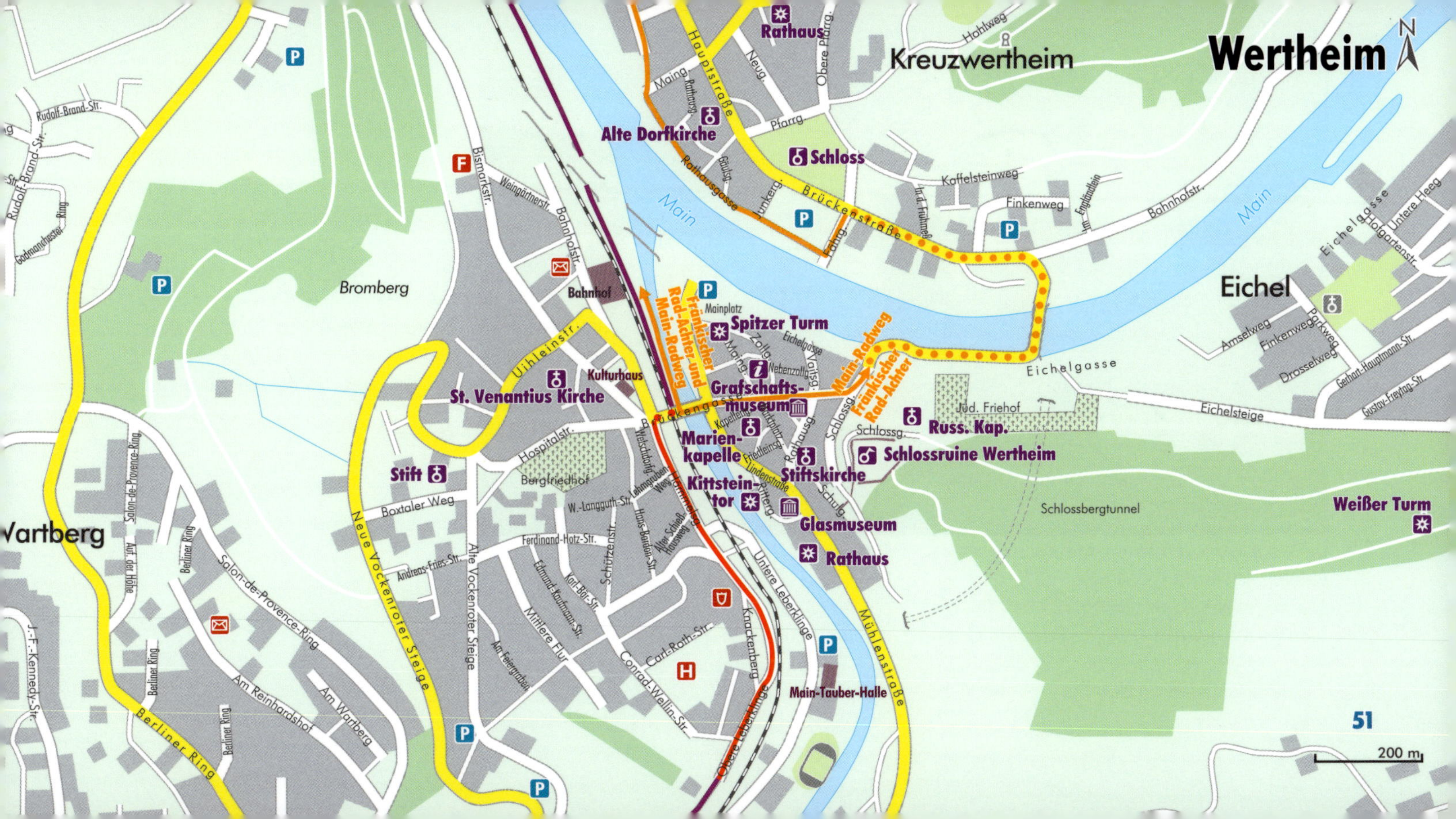
Wertheim
Kreuzwertheim
Rathaus
Alte Dorfkirche
Schloss
Spitzer Turm
Grafschafts-museum
Marien-kapelle
Stiftskirche
Schlossruine Wertheim
Russ. Kap.
Kittstein-tor
Glasmuseum
Rathaus
Weißer Turm
St. Venantius Kirche
Kulturhaus
Stift
Bahnhof
Main-Tauber-Halle
Fränkischer Rad-Achter und Main-Radweg
Main-Radweg
Fränkischer Rad-Achter
Bromberg
Eichel
Wartberg
Main
Mainplatz
Hauptstraße
Brückenstraße
Bahnhofstr.
Eichelgasse
Eichelsteige
Jüd. Friedhof
Bergfriedhof
Schlossbergtunnel
Mühlenstraße
Neue Vockenroter Steige
Alte Vockenroter Steige
Berliner Ring
Uhleinstr.
Hospitalstr.
Boxtaler Weg
Bismarckstr.
Salon-de-Provence-Ring
Am Wartberg
Am Reinhardshof
J.-F.-Kennedy-Str.
Rudolf-Brand-Str.
Kaffelsteinweg
Finkenweg
Amselweg
Drosselweg
Hofgartenstr.
Untere Heeg
Hohlweg
Untere Leberklinge
Obere Leberklinge
Krackenberg
Carl-Roth-Str.
Conrad-Wellin-Str.
Ferdinand-Hotz-Str.
Andreas-Fries-Str.
Mittlere Flur
Rathausgasse
200 m

Kittsteintor in Wertheim

und war am nördlichen Mainufer gelegen. Diese Ansiedlung wurde aufgrund des Marktkreuzes, dem Zeichen der Marktgerechtigkeit, Kreuzwertheim genannt. Dieses Privileg hatte Kaiser Heinrich zu Beginn des 11. Jahrhunderts an den Bischof von Würzburg verliehen.

Die Burg über dem Zusammenfluss von Main und Tauber und die Siedlung südlich des Mains, das heutige Wertheim, sind erst später entstanden. Erstmals wurde die Burg im 12. Jahrhundert als Sitz der Grafen von Wertheim erwähnt. Zweimal wurde sie im Dreißigjährigen Krieg zerstört. Inzwischen ist sie restauriert und für Besucher wieder zugänglich gemacht und bewirtschaftet. Die Ruine Wertheim gilt heute als die zweitgrößte Burgruine Süddeutschlands.
Zu Füßen der Burg wurde eine Kaufmanns- und Handwerkersiedlung planmäßig angelegt, die immer wieder erweitert werden musste. Über die Jahrhunderte hinweg entwickelte sich Wertheim zu einer wohlhabenden Wein- und Tuchhandelsstadt. Nach dem 2. Weltkrieg bildete die 1950 gegründete Glashütte für technisches Laborglas die Keimzelle für das wirtschaftliche Leben Wertheims mit einer Spezialglasindustrie, die heute ca. 3.000 Arbeitnehmer beschäftigt. Zeugnisse davon können Sie im Glasmuseum bewundern.

Der „Sportive" - Von Wertheim nach Rothenburg 160 km

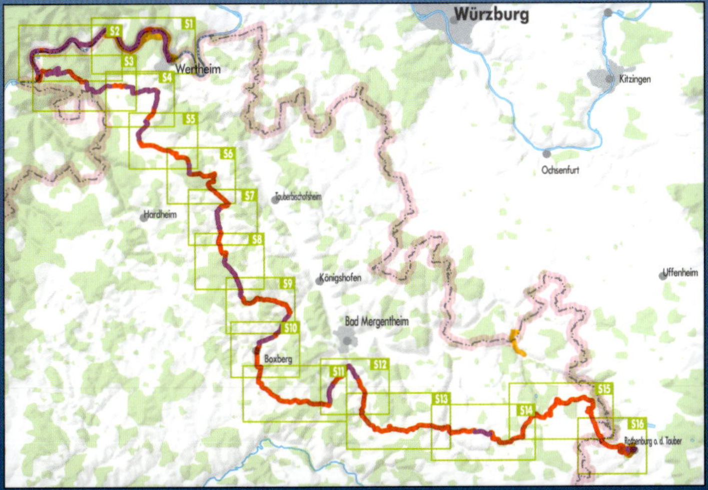

Der „Sportive" ist das neuere und längere Gegenstück zum „Radklassiker" „Liebliches Taubertal". Sie fahren zunächst am Main entlang, ab Freudenberg geht es dann auf schattigen Waldwegen hinauf in die Höhenzüge Tauberfrankens. Genießen Sie die vielen großen und kleinen Kunstschätze auf Ihrer bergigen Tour: Sie kommen vorbei an prächtigen Fachwerkhäusern und elegant geschwungenen Steinbrücken, in den Kirchen können Sie Kunstwerke aus dem Mittelalter bewundern, am Wegesrand begegnen Ihnen Madonnen und Bildstöcke.

Sie radeln auf gut ausgebauten, überwiegend asphaltierten und einheitlich beschilderten Rad- und Wirtschaftswegen. Für die vielen schweißtreibenden Steigungen werden Sie immer wieder mit wundervollen Ausblicken ins weite Land belohnt.

Von Wertheim nach Freudenberg 22,5 km

VARIANTE

Von Wertheim bis Freudenberg verläuft der Radwanderweg „Liebliches Taubertal - Der Sportive" parallel zum Main-Radweg. Von Wertheim bis Hasloch gibt es zwei Radwege entlang des Mainufers. Die Hauptroute befindet sich bis Bestenheid am linken Mainufer, die Nebenroute am rechten, nördlichen Mainufer. Auf dieser Nebenroute kommen Sie durch das kleine Kreuzwertheim mit seinem sehenswerten Schloss.

Kreuzwertheim

Vorwahl: 09342; PLZ: 97877

- Tourist-Information Wertheim, Am Spitzen Turm, ✆ 1066
- Schloss Kreuzwertheim

Die Hauptroute führt Sie ganz nah am Fluss und immer rechts der Bahnlinie aus Wertheim hinaus nach Bestenheid.

Bestenheid

Nach dem Campingplatz rechts ab in den **Carl-Jakob-Kolb-Weg** bis zum Main-Ufer.

Variante südliches Mainufer

Links führt der Radweg Richtung Grünenwört entlang des Mains durch Bestenheid. Auf der Nebenroute durchfahren Sie Bestenheid in Richtung **Grünenwört** und **Mondfeld** ⤳ dort mit der Fähre auf das rechte Mainufer nach Stadtprozelten zurück zur Hauptoute.

Am am Bahnübergang links in den **Faserweg** ⤳ dann rechts in die **Ernst-Abbe-Straße** ⤳ auf der Eisenbahnbrücke über den Main. Vor Ihnen liegt der Ort Hasloch.

Hasloch

In einem Rechtsbogen die Brücke unterqueren ⤳ nach rund 1,5 km weiter auf dem asphaltierten Radweg ⤳ an **Faulbach** vorbei nach Stadtprozelten.

Stadtprozelten

Nach dem Gewerbegebiet weiter am Main entlang bis **Dorfprozelten** ⤳ im Ort dem Radweg links zum Sportplatz hinunter folgen ⤳ beim Kiosk rechts ⤳ gleich wieder links in die **Brunnenstraße**.

An der Gärtnerei und dem Spielplatz vorbei ⤳ weiter entlang der Bundesstraße durch das Maintal bis zum Bahnhof von **Fechen-**

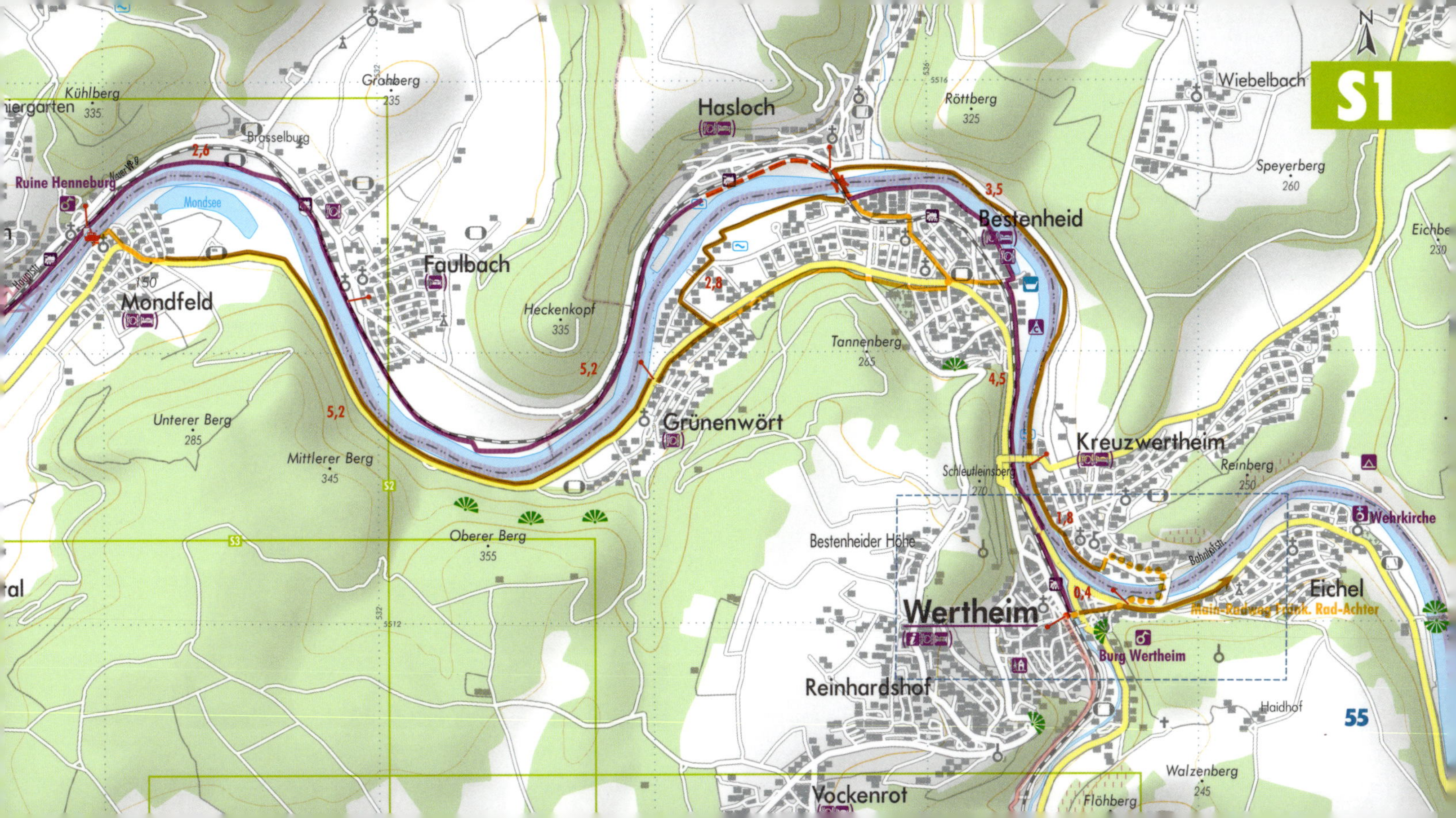
S1
Kühlberg
335
Grohberg
235
Hasloch
Röttberg
325
Wiebelbach
Speyerberg
260
Brasselburg
Ruine Henneburg
Mondsee
Faulbach
Bestenheid
Eichbe
230
Mondfeld
150
Heckenkopf
335
Tannenberg
265
Unterer Berg
285
Mittlerer Berg
345
Grünenwört
Kreuzwertheim
Schleuleinsberg
270
Reinberg
250
Wehrkirche
Oberer Berg
355
Bestenheider Höhe
Wertheim
Eichel
Main-Radweg Fränk. Rad-Achter
Burg Wertheim
Reinhardshof
Haidhof
55
Walzenberg
245
Vockenrot
Flöhberg
2,6
3,5
2,8
5,2
5,2
4,5
1,8
0,4
S2
S3

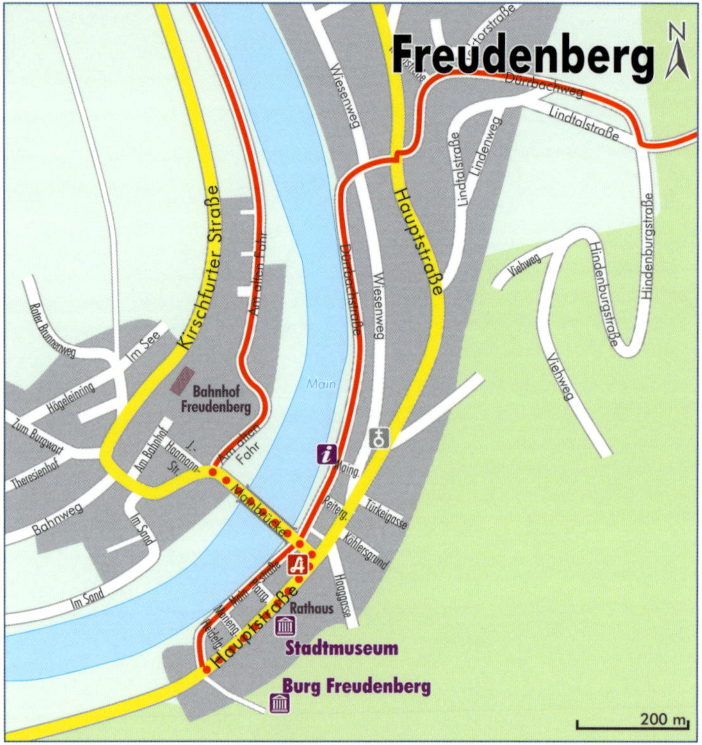

bach-Reistenhausen ⇝ bei der Brücke, die nach rechts in den Ortsteil Reistenhausen hineinführt, links halten ⇝ kurz danach wieder rechts ⇝ auf einem asphaltierten Weg nach Kirschfurt.

Kirschfurt

An der Hauptstraße nach links über die Mainbrücke nach **Freudenberg** ⇝ an der Hauptstraße rechts und am Rathaus vorbei ⇝ rechts in die **kleine Pfarrgasse** ⇝ am Mainufer wieder rechts.

Freudenberg am Main

PLZ: 97896; Vorwahl: 09375

- **Tourist Information**, Hauptstraße 115, ☎ 920090, www.freudenberg-main.de
- **Personenschifffahrt Henneberger**, Hauptstr. 59, Miltenberg, ☎ 09371/3330
- **Stadtmuseum, Rathaus**, ÖZ: während der Sprechstunden im Rathaus od. nach Vereinbarung. Stadtgeschichte in Ton und Bild.
- **Amtshaus**. Auf Anfrage beim Bürgermeisteramt kann die Foto-Ausstellung, das Schiffsmodellmuseum und die Amtshausgalerie besichtigt werden.
- **Stadtkirche**. Die Kirche ist ein gern besuchter Konzertort.

Mainschleife bei Wertheim

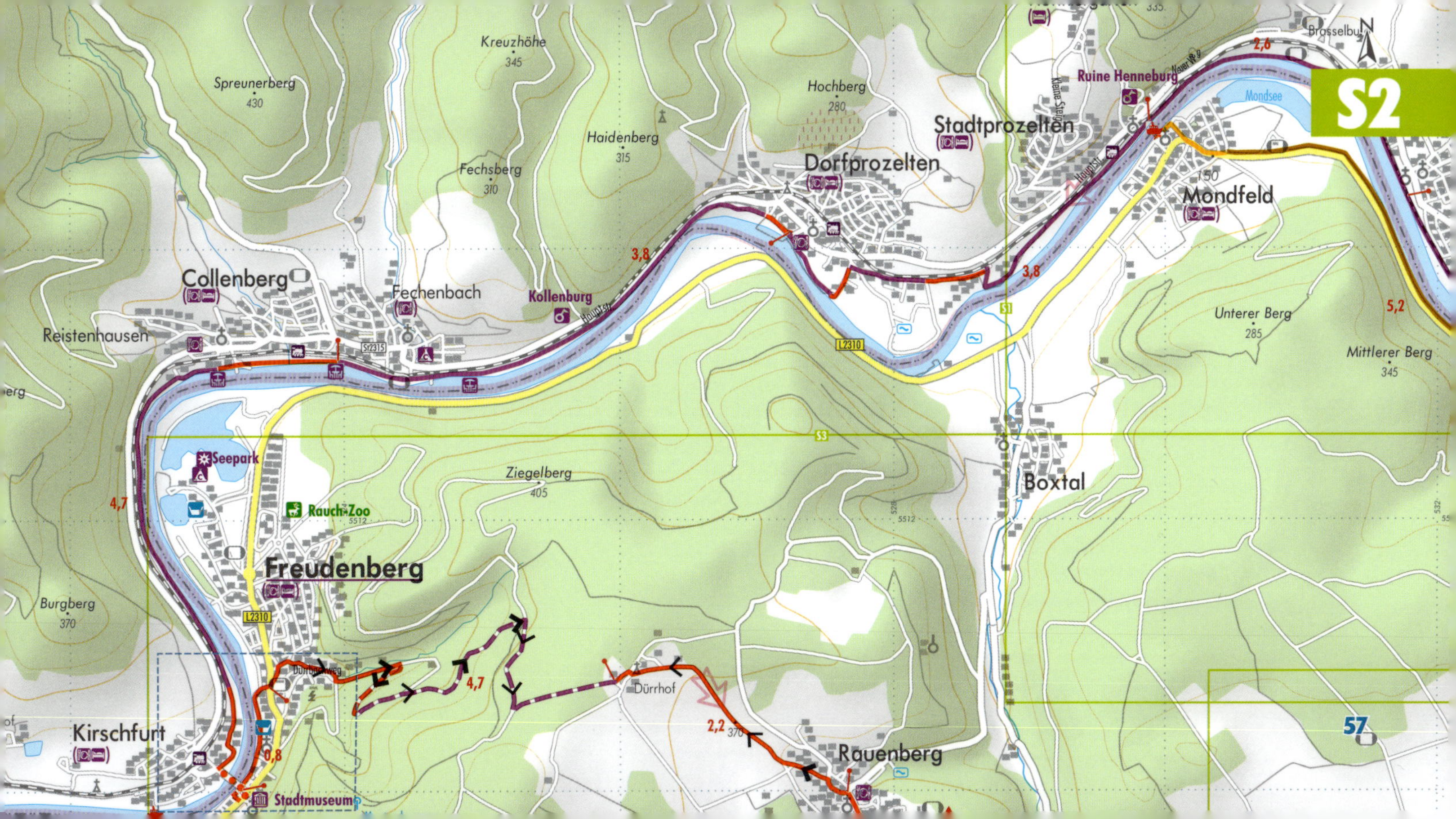

S2
Kreuzhöhe
345
Spreunerberg
430
Hochberg
280
Haidenberg
315
Fechsberg
310
Stadtprozelten
Dorfprozelten
Ruine Henneburg
Mondsee
Mondfeld
150
Collenberg
Fechenbach
Kollenburg
Reistenhausen
St2315
L2310
3,8
2,6
5,2
Unterer Berg
285
Mittlerer Berg
345
Seepark
Rauch-Zoo
Ziegelberg
405
Boxtal
4,7
Freudenberg
Burgberg
370
Dürrhof
2,2
370
Rauenberg
Kirschfurt
0,8
Stadtmuseum
57

Freudenberg

♁ **Friedhofskapelle**. In der Kapelle, die dem Hl. Laurentius geweiht ist, wurden sehenswerte Fresken aus dem 13./14. Jh. freigelegt. Zu sehen sind biblische Szenen wie die Vertreibung aus dem Paradies, die Erschaffung Evas und die Verkündigung und Geburt Christi.

♁ **Burg Freudenberg** mit dreiteiligem Burgfried. Die Burg (1190-1200) wurde aufwändig restauriert und konserviert und ist Schauplatz für die alle zwei Jahre stattfindenden Burgfestspiele.

Historische Altstadt mit sehenswerten Fachwerkhäusern. Hervorzuheben ist das Rathaus (1499) mit dem Amtshaus.

Edelobstbrennerei Ziegler, Schnapsprobe

Seepark Freudenberg, Mühlgrundweg, ✆ 668. Der Badesee wird direkt aus Quellwasser gespeist. Es bestehen verschiedene Sportmöglichkeiten: Bogenschießen, Surfen, Angeln u. v. m.

Fahrradlift. Das Fahrradgeschäft „Radlereck" bietet nach vorheriger Anm., So bei einwöchiger Voranmeldung, den Fahrrad- und Radlertransport auf die Höhe an. Anmeldung und Preisauskunft im „Radlereck".

Tiergehege, Wendelin-Rauch-Straße

Radlereck, Hauptstr. 129, ✆ 8095 od. 0175/4017169

Das kleine Städtchen Freudenberg liegt malerisch zu Füßen der Burgruine direkt am Mainufer und schmiegt sich an die Ausläufer des Odenwaldes. Alle Fachwerkhäuser der Altstadt konzentrieren sich in engen Gässchen um das 1499 erbaute Rathaus und die Stadtkirche. Am Rathaus prangt das Asmuswappen, das Wappen des Grafen Asmus, der von 1497-1509 Hof auf der Burg gehalten hat und das Rathaus erbauen ließ. Das Rathaus wird von einem Türmchen gekrönt, dessen Glocke bis ins 20. Jahrhundert hinein Punkt Mitternacht die Zecher an die Heimkehr erinnerte. Im Volksmund heißt die Glocke auch „Lumpenglöckchen".

Rathaus Freudenberg

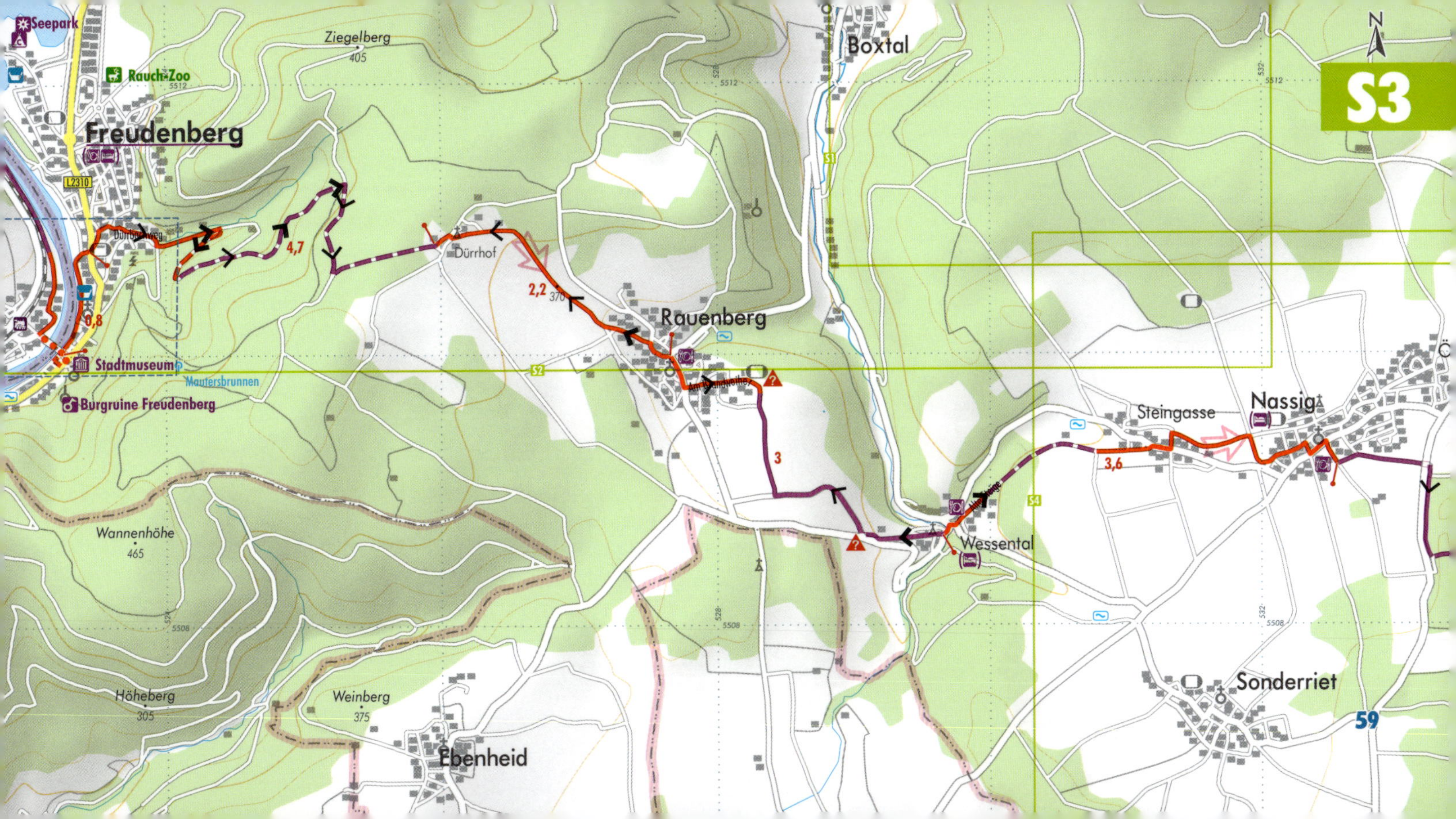

S3
Seepark
Rauch-Zoo
Ziegelberg
405
Freudenberg
L2310
Dürrbachweg
4,7
0,8
Stadtmuseum
Mantersbrunnen
Burgruine Freudenberg
Dürrhof
2,2
370
Rauenberg
S2
3
Boxtal
S1
Wessental
Steingasse
Nassig
3,6
S4
Wannenhöhe
465
Höheberg
305
Weinberg
375
Ebenheid
Sonderriet
59

Auf der Höhe über dem Städtchen erhebt sich stolz die mächtige Ruine der Burg Freudenberg. Der Name geht vermutlich auf die Rittertugenden „vroude“ (Freude), „ere“ (Ehre) und „hulde“ (Huld) zurück. Die Burg wurde 1195-97 als würzburgische Gegenburg gegen das Machtstreben der Herren von Dürn und der Reichsschenken von Schüpf-Klingenberg von Bischof Heinrich III. errichtet. Die Burg wurde nach dem Tod des Bischofs nur provisorisch vollendet und bis zur Mitte des 16. Jahrhunderts häufig ausgebaut und baulich verändert. Der Verfall der Burg begann vermutlich Mitte des 16. Jahrhunderts mit dem Erlöschen des Grafengeschlechtes derer von Wertheim. Bereits Mitte des 19. Jahrhunderts wurden zunächst noch bescheidene Erhaltungsmaßnahmen durchgeführt. Heute ist die Burg nach umfangreichen Restaurierungs- und Konservierungsmaßnahmen Schauplatz für die alle zwei Jahre stattfindenden Burgfestspiele und das Wahrzeichen der Stadt Freudenberg.

Bildstock bei Wessental

Von Freudenberg nach Wessental — 11 km

Am Main entlang ↝ an der Hauptstraße links ↝ gleich rechts in den **Dürrbachweg.**

AUSFLUG
Der jetzt folgende Aufstieg aus dem Maintal bis zum Dürrhof ist sehr anstrengend.

An der Gabelung rechts halten ↝ Sie verlassen Freudenberg ↝ es geht bergauf.

TIPP
Sie folgen den Richtungsweisern nach Külsheim.

Auf dem unbefestigten, kurvenreichen und steilen Weg geht es durch den Wald ↝ nach der scharfen Linkskehre zum **Dürrhof** ↝ vor dem Hof links ↝ auf der asphaltierten Straße bergab nach Rauenberg.

Rauenberg

Im Ort nach der Kirche links in die Straße **Am Brandweiher** ↝ nach dem Sportplatz weiter auf der schmalen Asphaltstraße ⚠ die Straße ist für den allgemeinen Kraftfahrzeugverkehr gesperrt ↝ an den folgenden Abzweigen links halten ⚠ danach gleich links, wieder in eine für den Kraftfahrzeugverkehr gesperrte Straße ↝ es geht bergab in den Ort Wessental.

Wessental

Bildstöcke

In Franken werden Sie häufig auf sie treffen – die Bildstöcke, die für diese Gegend so charakteristisch sind. Diese Kleinode volkstümlicher Handwerkskunst finden sich in weiter Flur ebenso wie in den Orten. Seit dem späten Mittelalter sind die Bildstöcke als Ausdruck der besonderen Andacht bekannt. Häufige Darstellungen sind die Pietà, die Himmelskönigin und die Immaculata,

Heilige Dreifaltigkeit, Aufnahme Mariens in den Himmel, Heilige Familie, Vesperbilder und die Krönung Mariens.
Die Bildstöcke stellen in Stein gehauene Bitt- und Dankgebete dar, die nach überstandenem Leid errichtet wurden und die Menschen vor Notlagen und Gefahren schützen sollen.
Auf ihrer Tour werden Sie regionale Unterschiede in der Ausgestaltung der Bildstöcke feststellen. In der Gegend um Külsheim sind beispielsweise die „Träublebildstöcke" charakteristisch. Bei dieser barocken Form des Bildstockes wird die Säule von Trauben und Rebenlaub umrankt. Der größte „Träublebildstock" des Frankenlandes, die Mariensäule, befindet sich in Külsheim.
Der Landstrich, durch den Sie nun fahren, wird wegen der vielen Madonnendarstellungen auch „Madonnenländchen" genannt.

Von Wessental nach Külsheim 20 km

Nach der Brücke im Ort weiter auf der Straße **Alte Steige** aus Wessental hinaus ~ bergauf auf dem unbefestigten Weg in den Wald

hinein → geradeaus nach **Steingasse** → im Ort links weg → an der T-Kreuzung rechts → an der nächsten Kreuzung erneut rechts → kurz vor der Hauptstraße links in die Ortschaft Nassig → im Ort rechts und an der Hauptstraße wieder links.

Nassig

Gleich hinter dem Gasthaus rechts → nach dem Ort links in einen Wirtschaftsweg → durch die Unterführung und danach gleich rechts → nach ca. 700 m links in den Wald → nach dem Waldstück wieder asphaltiert → kurz vor der Kreisstraße rechts → gleich darauf wieder links und nach Sachsenhausen hinein.

Bildstock am „Hohen Herrgott", Külsheim

Sachsenhausen

An der Hauptstraße im Ort rechts → nach dem Ort rechts ab in einen Wirtschaftsweg → weiter auf dem hügeligen Landwirtschaftsweg Richtung Dörlesberg → an der Kreisstraße rechts einbiegen → nach dem **Ernsthof** in der Rechtskurve links in den Landwirtschaftsweg → nach einem Rechtsbogen auf Hundheim zu → an der Querstraße links, rechts liegt der Ort Hundheim.

Külsheim - Altes Rathaus

Hundheim

Klassizistische Pfarrkirche (1787)

Nach dem Ortsausgangsschild rechts Richtung Sportplatz → nächste Straße links → bis Steinbach entlang der Straße auf dem Radweg weiter.

Steinbach

Auf der **Schönertsbachstraße** in den Ort hinein → links in die **Steingasse** → an der T-Kreuzung links → bergab geht es auf dem **Steinbacher Weg** nach Külsheim → an der Kreuzung links → gleich wieder rechts in die **Hauptstraße** → Sie fahren ins Zentrum von Külsheim.

Külsheim

PLZ: 97898; Vorwahl: 09345

- **Bürgermeisteramt**, Kirchbergweg 7, ✆ 67311, www.kuelsheim.de
- **Museum Külsheimer Höhe**, Kirchbergweg 7, ✆ 6730, ÖZ: nur nach tel. Vereinbarung zu besichtigen
- **St. Martinskirche**. Der Turmsockel stammt aus romanischer Zeit (um 1200) und der gotische Chor mit dem schönen Netzgewölbe aus dem Jahr 1497.
- **Spätgotische Katharinenkapelle** (1468)
- Das **Schloss** mit seinem imposanten **Bergfried** aus dem 13. Jh. war einst Sitz der Lehensherren. Heute ist hier die Stadtverwaltung untergebracht.

- Die **historische Altstadt** rund um den zentralen Platz, das **Alte Rathaus** (1522) und die zahlreichen **Brunnen** sowie den **Jüdischen Friedhof** und den **Stadtfriedhof** als auch die Reste der **Stadtmauer** können Sie auf einem Rundgang entdecken. Eine Beschreibung erhalten Sie beim Bürgermeisteramt.
- Mehr als 180 **Bildstöcke** in und rund um Külsheim. Der älteste Külsheimer Bildstock ist eine Kruzifixdarstellung und stammt aus dem Jahr 1483 von Phillip von Northeim.
- **Geologisch-naturkundlicher Wanderweg.** Höhepunkt des Wanderweges ist der Buntsandsteinblock mit den Abdrücken des Landsauriers Chiroterium in der Bronnbacher Straße.
- Besondere Aussichtspunkte sind der **Kattenberg** und die **Weinbergslage Hoher Herrgott.**

Külsheim - Moretbrunnen

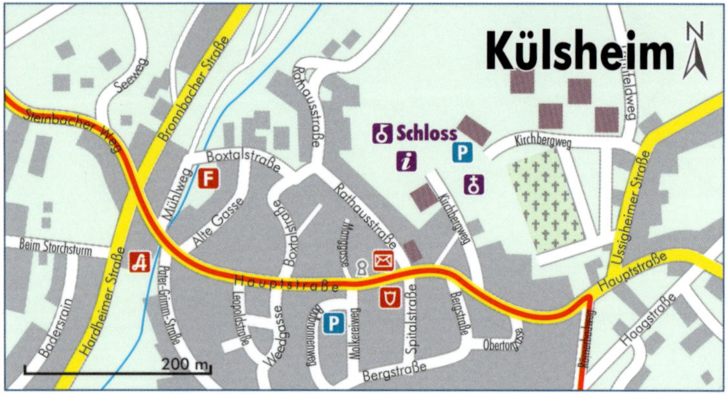

Külsheim – die Stadt der Brunnen. Keine andere Stadt in Franken ist so reich an Quellen und Brunnen. Mehr als ein Dutzend historischer Brunnen plätschern in der Stadt.

Grund für das reiche Vorkommen von Quellen ist die besondere Geologie der Schichtungslandschaft, die aus wasserstauenden Schichten (Rottöne) und porösem Sandstein (Rotquarzit) besteht. Diese Schichtung führt dazu, dass das Grundwasser gestaut und in der Talsenke, in der Külsheim liegt, an die Oberfläche tritt.

Alle Quellen wurden gefasst und unterschiedlich künstlerisch und ikonographisch gestalteten Brunnen zugeführt. Insgesamt 18 Brunnen gilt es auf einem Rundgang durch die Altstadt zu entdecken und Interessantes über die Geschichte der Brunnen zu erfahren. Der Kapellenbrunnen bei der Katharinenkapelle ist wohl der schönste Brunnen der Stadt. Im Jahre 1836 wurde das Bild des Brunnens in das Stadtsiegel aufgenommen und bis heute ist der Kapellenbrunnen Bestandteil des Stadtsiegels. Wer mehr über die geologisch interessante Gegend und die reizvolle Kulturlandschaft erfahren möchte, hat bei den 22 Stationen auf dem geologisch-naturkundlichen Wanderweg Gelegenheit dazu.

Külsheim ist ein traditioneller Weinanbauort. Wie lange diese Tradition zurückreicht ist nicht bekannt. Die erste urkundliche

Schloss Külsheim

Dreischalenbrunnen und Mariensäule, Külsheim

Erwähnung verweist auf das Jahr 1528. In der Külsheimer Stadtordnung heißt es dazu: „... ein jeder Bürger von einem Eimer Wein, zwei Maß zu geben schuldig und pflichtig ist". Die Külsheimer Winzer sind heute im Nebenerwerb tätig und in der Tauberfränkischen Bocksbeutelkellerei Wertheim-Reicholzheim organisiert. Im Frühjahr und Herbst laden die Besenwirtschaften zur Verkostung des selbsterzeugten Weines sowie zu Proben ihrer Wurstwaren aus eigener Schlachtung ein.

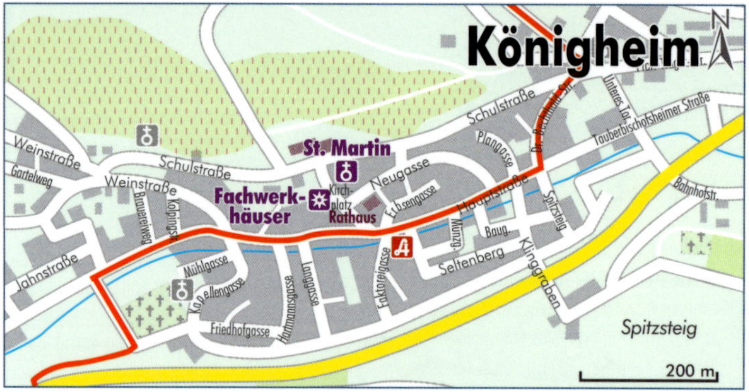

Von Külsheim nach Königheim 11 km

Im Zentrum rechts in den **Römerbadweg** ~ rechts in die **Haagstraße** ~ links in die **Jahnstraße**, auf der Sie Külsheim verlassen ~ nach der Unterführung gleich links ~ in einem Rechtsbogen von der Hauptstraße weg und auf den Wald zu ~ am Spielplatz vorbei in den Wald, weiter auf Schotter ~ an der Asphaltstraße links und am Militärgelände entlang ~ an der nächsten Querstraße rechts ~ bergab durch den **Haigergrund** ~ auf der Straße zur Haigerkapelle nach Königheim hinein ~ rechts in die **Dr.-Bechtoldstraße** ~ rechts in die **Tauberbischofsheimer Straße** ~ geradeaus weiter auf der **Hauptstraße** ins Zentrum.

Königheim

PLZ: 97953; Vorwahl: 09341

- **Gemeindeverwaltung**, Kirchplatz 2, ✆ 92090
- **Pfarrkirche St. Martin** (18. Jh.)
- Sehenswerte **Fachwerkhäuser** rund um den Kirchplatz wie das **Rathaus** (1707) und das **Pfarrhaus** (1882) gehören zu den architektonischen Kleinoden der Gemeinde.
- **Weinprobe**
- **Keltenschanzen**, OT Brehmen. Die beiden Schanzen liegen auf Ihrem Weg hinter Gissigheim.

Königheim wird von seinen Bewohnern wegen seiner vielen Brücken über den Brehmbach „Klein-Venedig" genannt.

Besonders sehenswert in dem idyllisch gelegenen kleinen Ort im Brehmbachtal ist die Barockkirche. Sie wurde im 18. Jahrhundert nach Plänen des Ingenieurhauptmanns Michael Anton Müller erbaut, der Schüler von Balthasar Neumann in Würzburg gewesen war. Der Baldachin-Hochaltar stammt, wie die beiden Seitenaltäre und die Kanzel, von dem Würzburger Bildhauer Daniel Kohler und dem Kunstschreiner Josef Steinbüchler. Die aufwändigen Stuckarbeiten wurden von Johann Michael Winneberger aus Mergentheim ausgeführt. Die Fresken stammen von dem Tiepolo-Schüler Georg Anton Urlaub, der

Kirche in Königheim

Rathaus Königheim

das zentrale Deckengemälde Tiepolos „Anbetung der Könige“ nachempfand. In einer Nische im doppelläufigen Treppenaufgang befindet sich eine besondere Sehenswürdigkeit: die spätgotische Darstellung der Ölbergszene aus der Tilman Riemenschneider-Schule.

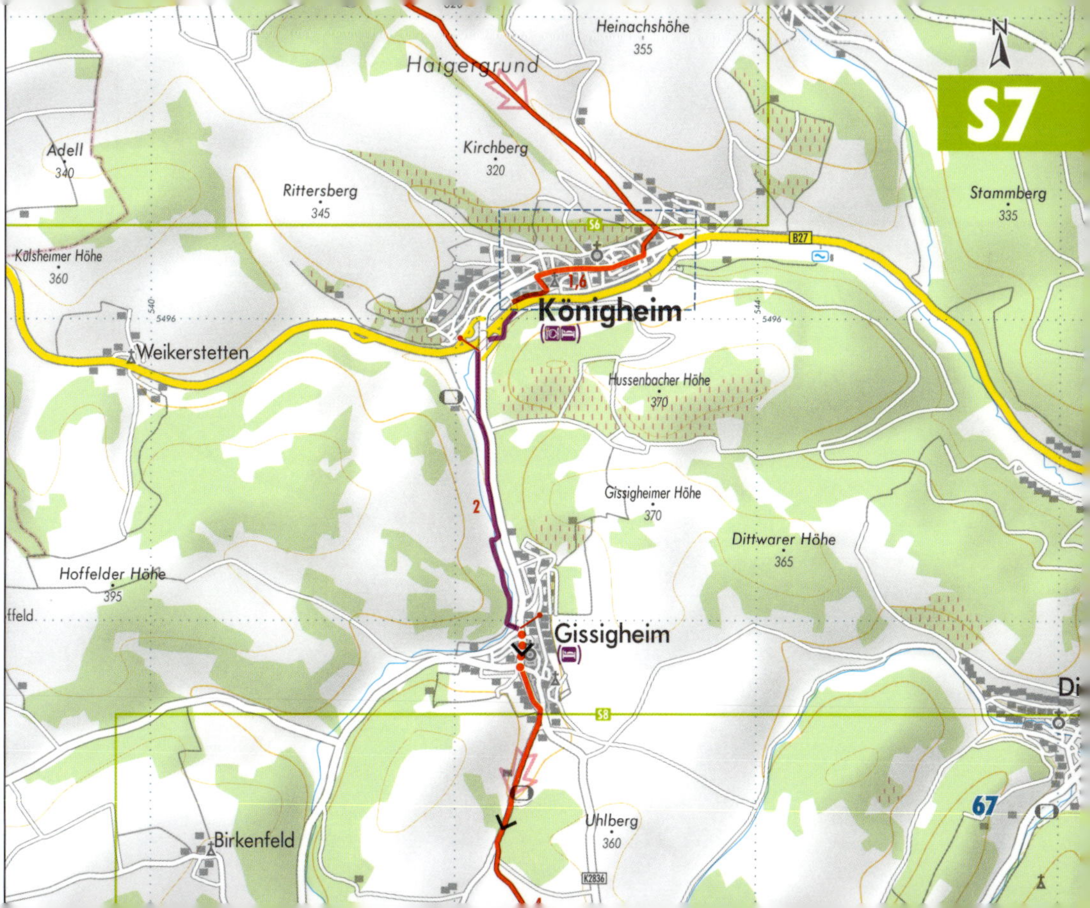

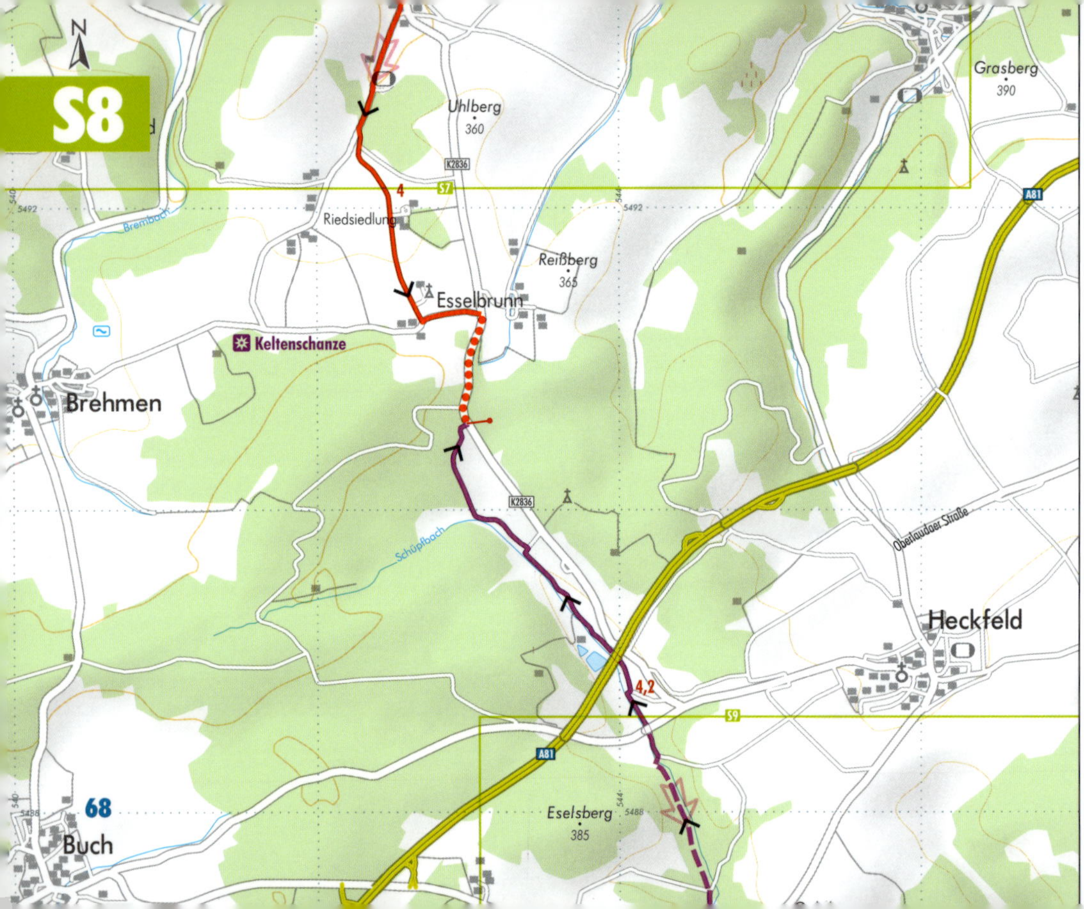

In Tauberfranken zählt Königheim zusammen mit seinem Ortsteil Gissigheim zur zweitgrößten Winzergemeinde. Auf knapp 100 ha Rebfläche wird Wein angebaut, der bei geselligen Weinproben direkt bei den Winzern verkostet werden kann. Das alljährliche Weinblütenfest ist eines der wichtigsten und schönsten Feste der Gegend. Neben den „Träublebildstöcken" zeugen die prächtigen Rundbogentore der alten Weinhöfe mit den Neidköpfen im Schlussstein und das jährlich am letzten Juni-Wochenende stattfindende Weinblütenfest von der Weintradition.

Von Königheim nach Boxberg — 24,5 km

Am Gasthof Schwan links den Radschildern Richtung Boxberg und Gissigheim folgen ~ durch die Unterführung, danach gleich rechts ~ auf dem Radweg über die Bundesstraßenauffahrt ~ nach der Brücke links ~ am Sportplatz vorbei und entlang des Brehmbaches ~ nach dem Feuerwehr-Gerätehaus links über eine kleine Brücke ~ links in den **Bleichwiesenweg**.

Gissigheim

- Schutzengelkapelle
- ehem. Bettendorf'sches Schloss

Die **Schlossstraße** aufwärts ~ an der Kapelle links in die Straße **Schützenbaum** ~ vor dem Ortsende rechts weiter im Schützenbaum Richtung **Brehmen**.

AUSFLUG Wenn Sie weiter Richtung Brehmen fahren, dann können Sie die beiden im Wald gelegenen **Keltenschanzen** besichtigen.

Nach dem Sportplatz links Richtung Badholzsiedlung halten ~ Richtung Esselbrunn ~ am **Hof Esselsbrunn** links ~ rechts in die

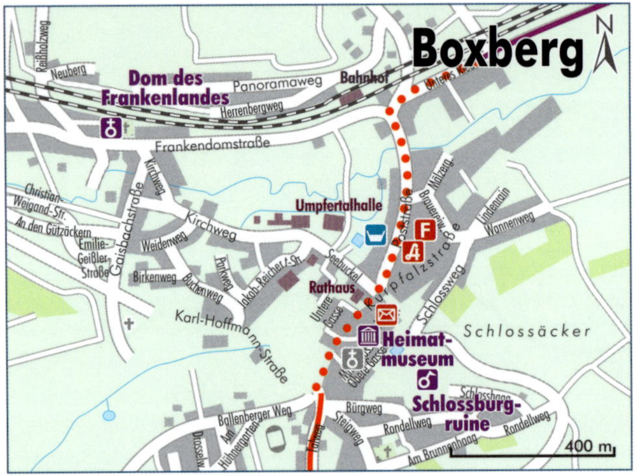

Kreisstraße ~ gleich in der Linkskurve nach dem Parkplatz rechts in den land- und forstwirtschaftlichen Weg, den Radschildern folgend ~ stetig bergab auf dem streckenweise unbefestigten Weg ~ beim Friedhof links auf die Straße nach Kupprichhausen.

Kupprichhausen

Rechts an der Kirche vorbei ~ links in die Straße **Edelfrauwiesen** ~ auf dem Brückenweg nach **Lengenrieden** hinein ~ im Ort rechts ~ rechts in die **Rudolf-Brand-Straße** ~ weiter Richtung Schützenhaus ~ Sie kommen nach Oberschüpf.

Oberschüpf

Wehrkirche (12. Jh)

Fischerhaus

Rechts in die **Untere Mauerstraße** ~ weiter auf der **Wehrstraße** ~ links über die Brücke, an der Kirche auf die Straße **Zum Sportplatz** ~ an der Gabelung rechts halten ~ auf der **Mühlbergstraße** nach **Unterschüpf** ~ an der Querstraße rechts ~ ⚠ die Beschilderung fehlt von der Vorfahrtstraße bis zur **Brunnengasse** ~ an der Vorfahrtsstraße rechts in die Ortsmitte.

Unterschüpf

PLZ: 97944; Vorwahl: 07930

Stadtverwaltung Boxberg, Kurpfalzstr. 29, ✆ 6050

Ehem. **Wasserschloss**. Das Schüpfer Wasserschloss gehörte einst den Herren zu Rosenberg.

Am Platz beim Gasthof nach der Bushaltestelle rechts ~ geradeaus weiter ~ links in die **Brunnengasse** ~ es geht parallel zur Bahnstrecke aus dem Ort hinaus ~ auf der Straße **Am Seesberg** nach Schweigern.

Schweigern

An der Querstraße links ~ nach der Unterführung rechts ~ links ~ rechts in die **Schulstraße** ~ auf dem land- und forstwirtschaftlichen Weg nach **Boxberg** ~ links in die **Poststraße**.

AUSFLUG: Geradeaus geht es auf der **Frankendomstraße** ins nahe Wölchingen, wo Sie den **Dom des Frankenlandes** besichtigen können.

Wölchingen

PLZ: 97944; Vorwahl: 07930

Dom des Frankenlandes (12. Jh.), spätromanische Kirche

Boxberg

PLZ: 97944; Vorwahl: 07930

Stadtverwaltung, Kurpfalzstr. 29, ✆ 6050, www.boxberg.de

Dom des Frankenlandes

- Heimatmuseum, Kurpfalzstr. 20, ✆ 605-0, Besichtigung auf Anfrage
- Ruine der Schlossburg
- Rosengarten

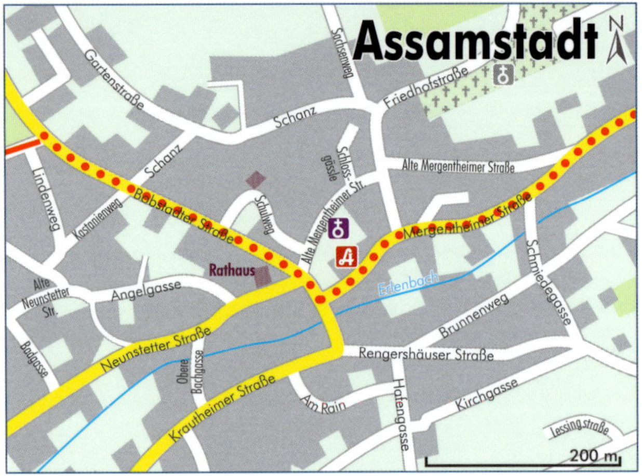

Die Stadt Boxberg gehört mit ihren insgesamt 12 Ortsteilen zum sogenannten „Bocksbeutelgebiet“ Tauber-Franken. Neben dem Weinanbau gehört der Anbau von Dinkel und die Erzeugung von holzfeuergedarrtem Grünkern zu den landwirtschaftlichen Besonderheiten.

Von Boxberg nach Stuppach 15,5 km

Rechts in die **Kurpfalzstraße** ⁓ in der Rechtskurve links Richtung Friedhof ⁓ rechts in den **Talweg** ⁓ Sie verlassen Boxberg Richtung Windischbuch ⁓ an der Gabelung links halten ⁓ an der Querstraße rechts ⁓ links zum **Seehof** ⁓ geradeaus über die Kreisstraße ⁓ auf dem **Seehöfer Weg** nach Assamstadt hinein.

Assamstadt

PLZ: 97959; Vorwahl: 06294

- **Gemeinde Assamstadt**, Bobstadter Str. 1, ✆ 42020, www.assamstadt.de
- **Alte St. Kilians Kirche**. Die Kirche war dem Frankenapostel St. Kilian geweiht und dient heute als Gemeindezentrum.
- **Neue St. Kilians Kirche**. 1972 wurde die Neue St. Kilians Kirche nach Plänen des Architekten Franz-Josef Worring erbaut. Sie beherbergt Werke der Prof. Kindermann und Arnold.
- **Steffeskirchle** mit **Kirchgang**
- Zahlreiche **Bildstöcke** sind in der näheren Umgebung zu sehen.

Die fränkische Gemeinde Assamstadt liegt auf einer Höhe von 333 Metern ü.N.N., genau an der Wasserscheide zwischen Tauber, Jagst und Umpfer, Neckar und Main. Zwischen Jagst- und Taubertal gelegen, bieten sich interessante Ausflüge in die nähere Umgebung an.

Assamstadt - Alte Kirche

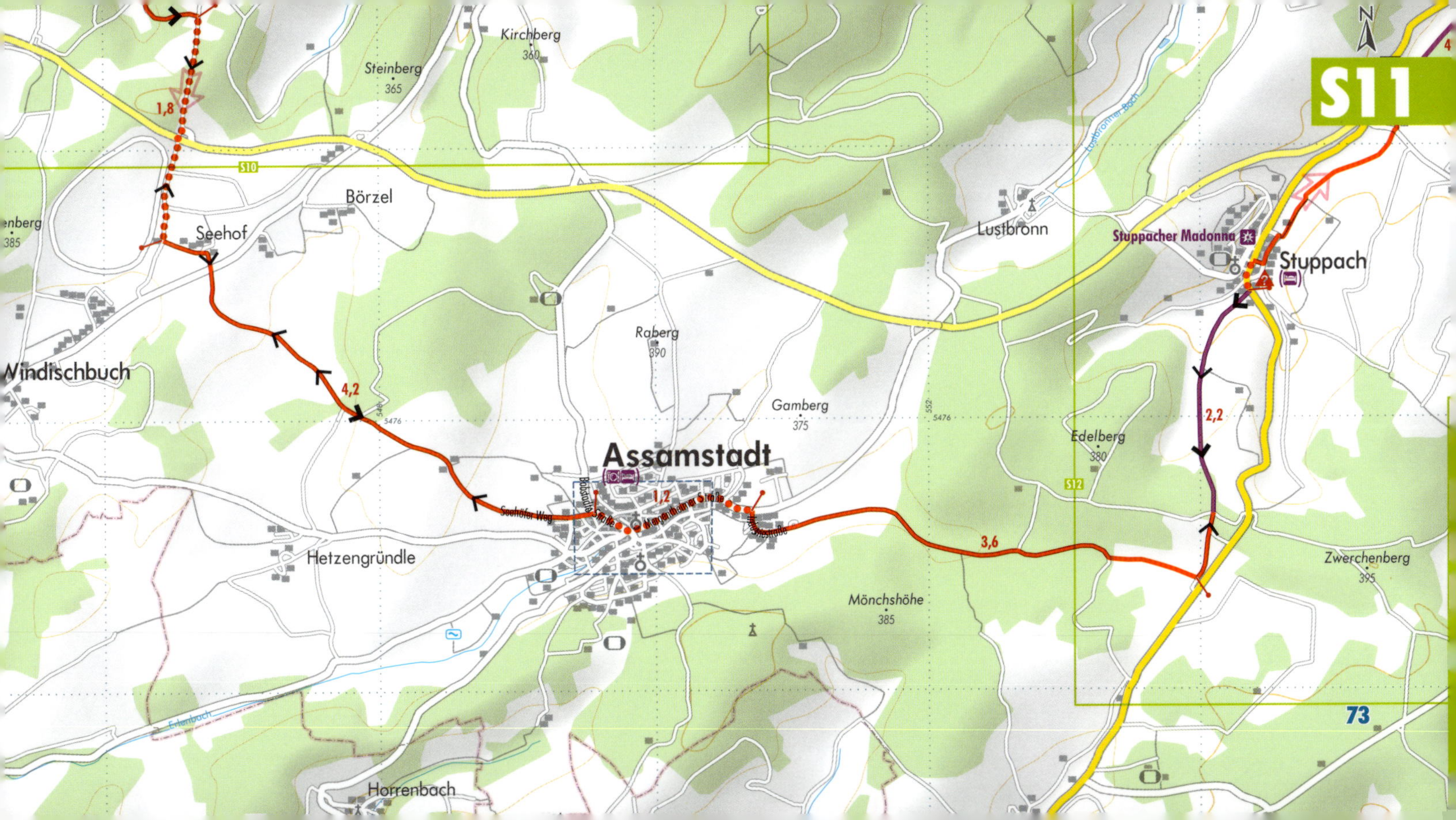
S11
Kirchberg
360
Steinberg
365
1,8
S10
Börzel
Seehof
385
Windischbuch
4,2
Lustbronn
Stuppacher Madonna
Stuppach
Raberg
390
Gamberg
375
Assamstadt
1,2
Seehöfer Weg
2,2
Edelberg
380
S12
3,6
Hetzengründle
Zwerchenberg
395
Mönchshöhe
385
Erlenbach
Horrenbach

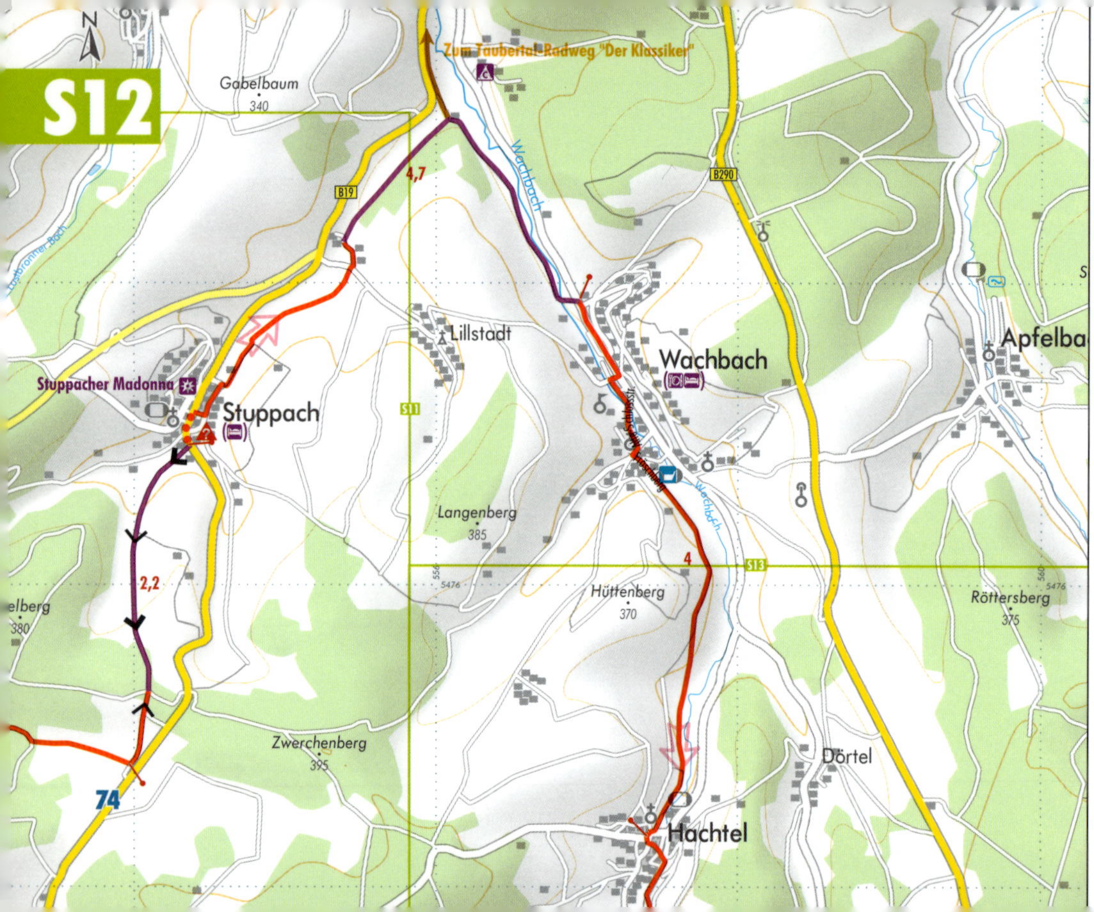

Rechts in die **Bobstadter Straße** ⁓ links in die **Mergentheimer Straße** Richtung Lustbronn ⁓ rechts in die **Industriestraße** ⁓ durch das Gewerbegebiet Richtung Rengershausen ⁓ in der Rechtskurve links ⁓ talwärts nach Stuppach.

Stuppach

PLZ: 97980; Vorwahl: 07931

Tourist-Information Bad Mergentheim, Marktpl. 3, ✆ 57131, www.stuppach.de

Pfarrkirche Stuppach und **Grünewalds Stuppacher Madonna**, ✆ 2605 ÖZ: März-April, Di-So 10-17 Uhr, Mai-Okt., Di-So 9.30-17.30 Uhr, Nov., Di-So 11-16.30 Uhr; Führungen nach Absprache möglich

Das Gemälde der Stuppacher Madonna gehört zu den bekanntesten und Aufsehen erregendsten Marienbildern der Kirchenkunst. Gemalt wurde es von dem Malermeister Matthias Grünewald (1470-1529). Das Besondere an diesem Gemälde sind die Farben, die eine einzigartige Leuchtkraft und Tiefe besitzen. Grünewald verwendete für das Gemälde Kasein-Farben, für die Farbpigmente mit Quark und Wasser vermischt werden.

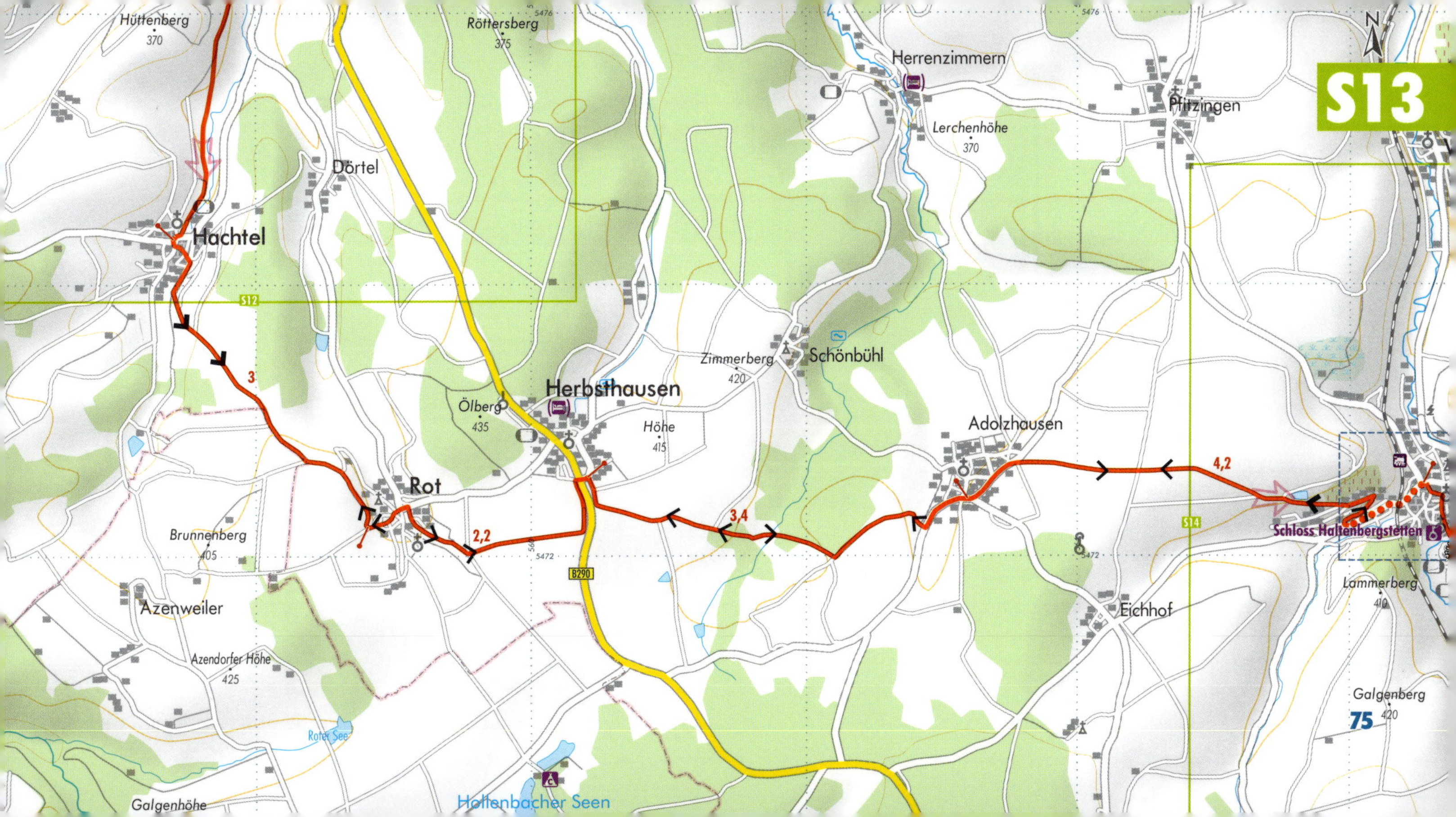

S13
Hüttenberg
370
Röttersberg
375
Herrenzimmern
Pfitzingen
Lerchenhöhe
370
Dörtel
Hachtel
S12
3
Herbsthausen
Ölberg
435
Zimmerberg
420
Schönbühl
Höhe
415
Adolzhausen
4,2
Rot
3,4
2,2
Brunnenberg
405
B290
S14
Schloss Haltenbergstetten
Lammerberg
410
Eichhof
Azenweiler
Azendorfer Höhe
425
Roter See
Galgenberg
420
Hollenbacher Seen
Galgenhöhe

Ursprünglich (1519) war das Gemälde das Mittelstück des dreiflügeligen Altars in der Maria-Schnee-Kapelle in der Stiftskirche zu Aschaffenburg. 1532 ging das Altarbild als Geschenk des Kardinals Albrecht zu Aschaffenburg in den Besitz des Deutschen Ordens in Mergentheim über. Nach dessen Auflösung im Jahr 1809 bekam das Madonnenbild einen neuen Platz in der Pfarrkirche Stuppach.

Das Gemälde wurde 1926-31 gründlich restauriert, um die künstlerischen Veränderungen der vergangenen Jahrhunderte zu beseitigen. Nach Abschluss der Arbeiten erhielt die Stuppacher Madonna ihren endgültigen Platz in der eigens für das Gemälde angebauten Kapelle in der Pfarrkirche in Stuppach.

Stuppacher Madonna

Von Stuppach nach Niederstetten 21,5 km

Im Ort rechts in die **Wehrgasse**, links geht es zur Stuppacher Madonna ⇝ ⚠ die Beschilderung ist bis zur T-Kreuzung unklar ⇝ an der T-Kreuzung links ⇝ parallel zur Stuppach und am Fuß des Blumenberges und Lichsenberges entlang.

GABELUNG Wenn Sie zur klassischen Route vom Taubertal-Radweg wechseln wollen, dann fahren Sie nach links über die Brücke und gelangen auf einem Radweg entlang der B 19 nach Bad Mergentheim, siehe auch Karte K6.

Niederstettener Herbstfest

Auf der sportiven Route halten Sie sich am Wachbach rechts und gelangen in den Ort Wachbach ⇝ am Ortseingang rechts in die Vorfahrtstraße ⇝ rechts in die Straße **In den Torgärten.**

Wachbach

Freibad

Geradeaus in die **Alte Schlossstraße** ⇝ an der Querstraße nach der zweiten Kirche rechts ⇝ links in die Straße **Fröschberg** ⇝ den Radschildern Richtung Hachtel folgen.

Hachtel

Im Ort rechts ⇝ gleich links in die **Ottmar-Mergenthaler-Straße** ⇝ rechts in die **Bachstraße** ⇝ rechts der Wegweisung Richtung Rot folgen.

Rot

Im Ort rechts in die **Seestraße** ⇝ zunächst

S14
Kinderfeld
Wermutshausen
Dunzendorf
Niederstetten
Schloss Haltenbergstetten
Lammerberg
410
Mittelberg
415
5,7
Wildentierbach
Wehrkirche
Birkhöfe
3,5
Heimberg
S13
S15
Galgenberg
420
Kronenberg
415
Deichselberg
460
4,5
Reutalsee
Höllhof
Hachtel
Sichertshausen
Glanzenberg
450
Oberstetten
Berg
460
Höhe
470

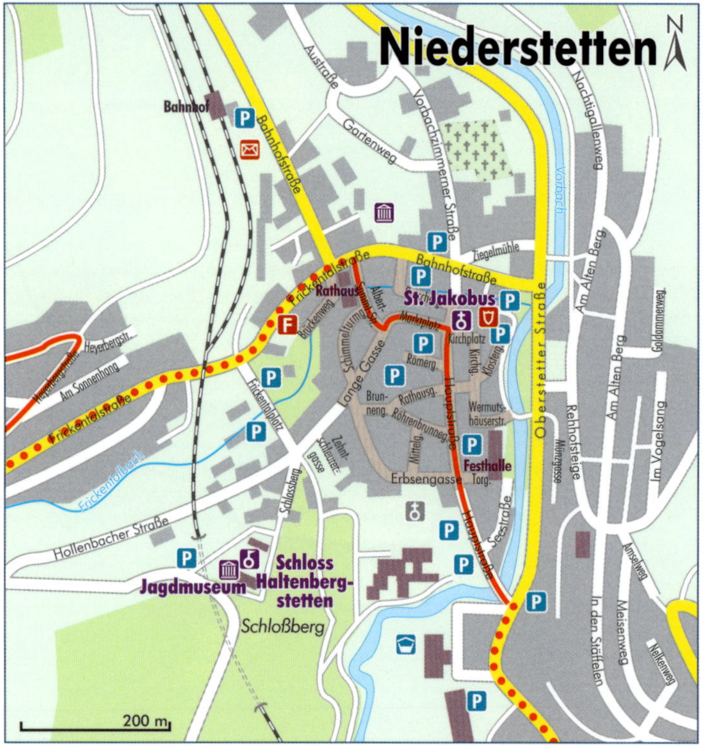

Marktplatz Niederstetten

Richtung Hollenbach ⤳ am Weiher links ⤳ es geht südlich von Herbsthausen weiter über **Adolzhausen** nach **Niederstetten** ⤳ im Ort links in die Straße **Weinsteige** ⤳ rechts in die **Heyerbergstraße** ⤳ links in die **Frickentalstraße** bis ins Zentrum von Niederstetten.

Niederstetten

PLZ: 97996; Vorwahl: 07932

- **Kulturamt**, Albert Samt Str. 1, ✆ 910211, www.niederstetten.de
- **Albert-Sammt-Zeppelin-Museum**, Hauptstr. 52a, ✆ 60032, ÖZ: ganzjährig, Mo 16.30-19.30 Uhr, Di 12-14 Uhr, Mi 10-11.30 Uhr, Do 10-11.30 Uhr und 15-18 Uhr, Fr 10-17.30 Uhr. Gruppen ab 10 Personen n. V. Das Museum zeigt Originalstücke sowie Reproduktionen aus der Geschichte der Zeppelin-Luftschifffahrt. Eine Sonderausstellung erinnert an die Lebensgeschichte von Albert Sammt (1889-1982).
- **Kelter- und Weinbaumuseum**, OT Wermutshausen, ✆ 8344; Besichtigung n. V. Das Museum in dem ehemaligen Kelterhaus zeigt mehr als 200 Exponate zum Weinbau und gibt Einblicke in die mühevolle Arbeit der Weingärtner.
- **Mörike Gedenkstube**, OT Wermutshausen, ✆ 8880, geöff. n. V., Gruppen ab 10 Pers. n. V.

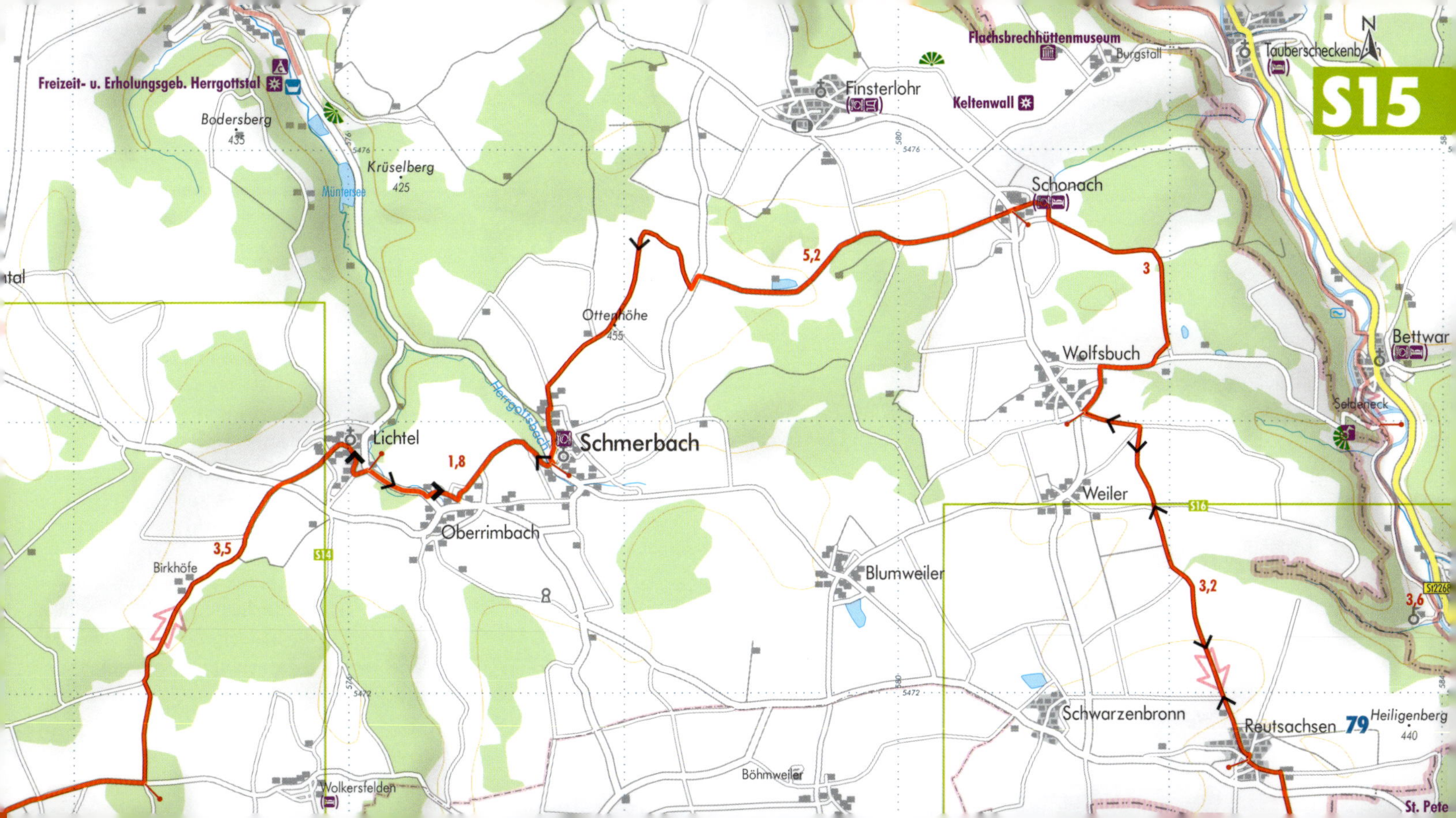
S15
Freizeit- u. Erholungsgeb. Herrgottstal
Bodersberg
435
Krüselberg
425
Müntersee
Flachsbrechhüttenmuseum
Burgstall
Tauberscheckenbach
Finsterlohr
Keltenwall
Schonach
5,2
3
Ottenhöhe
455
Wolfsbuch
Bettwar
Seldeneck
Lichtel
1,8
Herrgottsbach
Schmerbach
Weiler
S16
Oberrimbach
3,5
S14
Birkhöfe
Blumweiler
3,2
St2268
3,6
Schwarzenbronn
Reutsachsen
79
Heiligenberg
440
Böhmweiler
Wolkersfelden
St. Pete
tal
5476
5472
576
580
584

Besichtigung n. V. In dem ehemaligen Pfarrhaus erinnert die Gedenkstube an das Leben und Werk des Dichters Eduard Möricke (1804-75), der hier bei seinem Freund, Pfarrer Hartlaub, und dessen Familie von Herbst 1843 bis Frühjahr 1844 zu Gast war.

- **Ev. Pfarrkirche St. Jakobus** mit **Glockenturm**
- **Historische Altstadt** rund um den Marktplatz mit dem **Ferkelmarkt-Brunnen** und das **Rathaus** mit **Rathausbrunnen**.
- **Synagoge**
- **Ferkelmarkt**, Mo 10-12 Uhr
- **Stadtführungen** können bei der Stadtverwaltung gebucht werden.
- **Groß**, Vorbachzimmernerstr. 14, ✆ 381

Niederstetten liegt im Vorbachtal umgeben von Wiesen und Wäldern. Charakteristisch sind die abwechslungsreiche Heckenlandschaft, die Obstgärten sowie die Weinberge mit den zum Tal hinunter reichenden Steinriegeln des Weinanbaus. Darüber hinaus ist Niederstetten wegen seines großen freien Ferkelmarktes bekannt, auf dem die Jungtiere jeden Montag lautstark angeboten werden.

Die Stadt blickt auf eine mehr als 1200-jährige Geschichte zurück. Erstmalig urkundlich erwähnt wurde der Ort in einer Schenkungsurkunde des Klosters Fulda. Das fränkische Örtchen wird überragt von Schloss Haltenbergstetten des Fürsten Hohenlohe-Jagstberg. Die historische Altstadt mit den mittelalterlichen Fachwerkbauten rund um den Marktplatz lädt zu einer Entdeckungstour ein. Das moderne Niederstetten präsentiert sich als Modellgemeinde für ökologische Stadt- und Gemeindeentwicklung.

Schloss Haltenbergstätten

Niederstetten ist der Geburtsort von Albert Sammt (1889-1982). Der Sohn eines Seilers hatte eine bewegende Lebensgeschichte, die eng mit dem Zeppelin Luftschiffbau verknüpft war. Im Jahr 1912 kam Sammt zum Zeppelin Luftschiffbau. 1924 war er Höhensteuermann bei der ersten Atlantik-Überquerung eines Zeppelins. Das Unglück des Zeppelins „Hindenburg", auf dem er als Offizier Dienst tat, überlebte er nur knapp. Seine Karriere endete als Kommandant des letzten deutschen Zeppelins LZ 130 „Graf Zeppelin". Das Albert-Sammt-Zeppelin-Museum erinnert an sein Leben und die Geschichte des Zeppelin Luftschiffbaus.

Von Niederstetten nach Schonach 20 km

Rechts Richtung Museen und Stadtmitte ⤳ rechts in die **Hauptstraße** ⤳ rechts in die **Oberstetter Straße** ⤳ links in die **Wildentierbachstraße** ⤳ erste Straße links ⤳ rechts in den **Lerchenweg** ⤳ geradeaus in die Straße **Im Ganswasen** ⤳ auf der Anliegerstraße aus dem Ort hinaus ⤳ parallel zur Landstraße, später auf einem Radweg bis nach **Wildentierbach** ⤳ zunächst links, dann rechts in die Landstraße ⤳ auf der ersten Straße rechts durch den Ort Wildentierbach Richtung Spielbach.

Wildentierbach

PLZ: 97996; Vorwahl: 07932

- **Stadt Niederstetten**, Albert Samt Str. 1, ✆ 910211, www.niederstetten.de
- Die **Wehrkirchenanlage** mit dem ummauerten Friedhof stammt aus dem Hochmittelalter und zählt zu den am besten erhaltenen in Hohenlohe-Franken. Die Dorfarrestzelle aus dem 19. Jh. befindet sich im Torturm. Besichtigung nach Vereinbarung möglich, ✆ 07932/370

Vorbei an Heimberg durch die Orte **Lichtel** und **Oberrimbach** nach Schmerbach.

Schmerbach

An der Landstraße links ⇝ rechts in den Ort ⇝ beim Friedhof links ⇝ nach Ortsende rechts ⇝ über die **Ottenhöhe** der Straße bis zur Kreisstraße folgen ⇝ hier links ⇝ gleich rechts Richtung Karrodsee ⇝ weiter nach Schonach.

Schonach

Von Schonach nach Rothenburg — 14 km

An der T-Kreuzung links ⇝ an der nächsten Straße rechts ⇝ aus dem Ort hinaus ⇝ zunächst rechts, dann links halten ⇝ östlich an Wolfsbuch vorbei ⇝ an der T-Kreuzung links ⇝ in die nächste Straße rechts bis Reutsachsen.

Reutsachsen

Im Ort rechts ⇝ gleich wieder links ⇝ in der Rechtskurve links ⇝ am Ortsende rechts halten ⇝ geradeaus ⇝ an der T-Kreuzung links ⇝ es geht nach Vorbach hinein.

Vorbach

TIPP: Von Vorbach bis ins Zentrum von Rothenburg ist der Radwanderweg **„Liebliches Taubertal - Der Sportive"** identisch mit dem Radweg **„Deutsche Burgenstraße"** und ab Bronnenmühle zusätzlich mit dem Radweg **„Romantische Straße"**.

Längs der Vorbach bis zur **Bronnenmühle** ⇝ an der T-Kreuzung rechts Richtung Rothenburg ⇝ vorbei an einigen Mühlen ⇝ die Tauber überqueren ⇝ an der T-Kreuzung links in die **Blinksteige** ⇝ nach der Kehre links ⇝ gleich wieder links in die **Untere Schmiedgasse** ⇝ geradeaus auf der **Oberen Schmiedgasse** ins Zentrum von Rothenburg ob der Tauber, von wo es nur ein Katzensprung bis zum Bahnhof ist – dem Endpunkt Ihrer Radreise.

Rothenburg ob der Tauber s. S. 14

Sie haben nun das Ende Ihrer Radreise erreicht. Wir hoffen, Sie hatten einen erlebnisreichen und interessanten Radurlaub und freuen uns, dass Sie ein *bikeline*-Radtourenbuch als Begleiter gewählt haben.

Das gesamte *bikeline*-Team wünscht Ihnen eine gute Heimreise!

Übernachtungsverzeichnis

Dieses Verzeichnis beinhaltet folgende Übernachtungskategorien:

H	Hotel
Hg	Hotel garni
Gh	Gasthof, Gasthaus
P	Pension, Gästehaus
Pz	Privatzimmer
BB	Bed and Breakfast
Fw	Ferienwohnung (Auswahl)
Bh	Bauernhof
Hh	Heuhotel
	Jugendherberge, -gästehaus
	Campingplatz
	Zeltplatz (Naturlagerplatz)

bett+bike adfc

Alle mit dem Bett & Bike-Logo () gekennzeichneten Betriebe erfüllen die vom ADFC vorgeschriebenen Mindestkriterien als „Fahrradfreundliche Gastbetriebe" und bieten darüber hinaus so manche Annehmlichkeit für Radfahrer. Detaillierte Informationen finden Sie unter *www.bettundbike.de.*

adfc Allgemeiner Deutscher Fahrrad-Club

Die Auflistung erhebt keinen Anspruch auf Vollständigkeit und stellt keine Empfehlung der einzelnen Betriebe dar.

Die römische Zahl (I-VII) nach der Telefonnummer gibt die Preisgruppe des betreffenden Betriebes an. Wir möchten Sie jedoch darauf hinweisen, dass die angegebenen Preiskategorien dem Stand des Erhebungs- bzw. Überarbeitungszeitraumes entsprechen und sich von den tatsächlichen Preisen unterscheiden können.

Folgende Unterteilung liegt der Zuordnung zugrunde:

I	unter € 15,–
II	€ 15,– bis € 23,–
III	€ 23,– bis € 30,–
IV	€ 30,– bis € 35,–
V	€ 35,– bis € 50,–
VI	€ 50,– bis € 70,–
VII	über € 70,–

Die Preisgruppen beziehen sich auf den Preis pro Person in einem Doppelzimmer mit Dusche oder Bad inkl. Frühstück. Übernachtungsbetriebe mit Zimmern ohne Bad oder Dusche, aber mit Etagenbad, sind durch das Symbol nach der Preisgruppe gekennzeichnet.

Da wir das Verzeichnis stets aktuell halten möchten, sind wir für Mitteilungen bezüglich Änderungen jeder Art dankbar. Der einfache Eintrag erfolgt für die Betriebe natürlich kostenfrei.

Rothenburg o. d. Tauber

PLZ: 91541; Vorwahl: 09861

Rothenburg Tourismus-Service, Marktpl. 2, ✆ 404-800

P Becker, Roseng. 23, ✆ 3560, III

H Eisenhut, Herrng. 3-5/7, ✆ 7050, VII

H Rappen, Vorm Würzburger Tor 6 und 10, ✆ 95710, IV-VI

H Tilman Riemenschneider, Georgeng. 11/13, ✆ 9790, VI-VII

H Altes Brauhaus, Wengg. 24, ✆ 9780, V-VII

H Goldener Hirsch, Untere Schmiedg. 16, ✆ 874990, V

H B&B Rothenburg o.d. T.,Untere Schmiedg. 25, ✆ 874990, IV-V

H Prinzhotel Rothenburg, An der Hofstatt 3, ✆ 9750, VI-VII

H Rothenburger Hof, Bahnhofstr. 11-13, ✆ 9730, IV-VI

H Schranne, Schrannenpl. 6, ✆ 95500, V-VI

H Reichsküchenmeister, Kirchpl. 8-10, ✆ 9700, V-VI

H Goldenes Fass, Ansbacher Str. 39, ✆ 94500, VI

H Merian, Ansbacher Str. 42, ✆ 87590, V-VI

H Roter Hahn, Obere Schmiedg. 21, ✆ 9740, V-VI

H Markusturm, Röderg. 1, ✆ 94280, V-VII

H Glocke, Plönlein 1, ✆ 958990, V-VI

H Goldenes Lamm, Markt 2, ✆ 6563, IV-V

H Schwarzer Adler, Klingeng. 12, ✆ 9746022, IV-V

H Mittermeier, Vorm Würzburger Tor 7+9, ✆ 94540, V-VII

H Hernnschlösschen, Herreng. 20, ✆ 873890, VII

H Am Siebersturm, Spitalg. 6, ✆ 3355, IV-V

H Gotisches Haus, Herrng. 13, ✆ 2020, VI-VII
H Klosterstüble, Heringsbronneng. 5, ✆ 938890, V-VI
H Meistertrunk, Herrng. 26, ✆ 6077, V-VII
H Altfränkische Weinstuben, Klosterhof 7, ✆ 6404, IV-V
H Goldene Rose, Spitalg. 28, ✆ 4638, V
H Zur Sonne, Hafeng. 11, ✆ 2166, V
H Bezold, Vorm Würzburger Tor 11, ✆ 94760, V-VI
Hg Burg Hotel, Klosterg. 1-3, ✆ 94890, VI-VII
Hg Biohotel zum Bären, Hofbronneng. 4+9 ✆ 938010, V-VI
Hg Frei, Galgeng. 39, ✆ 5006, III-V
Hg Friedel, Alter Stadtgraben 31, ✆ 7818, IV-V
Hg Gerberhaus, Spitalg. 25, ✆ 94900, V-VI
Hg Hornburg, Hornburgweg 28, ✆ 8480, V-VII

Hg Kreuzerhof, Millerg. 4-6, ✆ 3424, III-V
Hg Spitzweg, Paradeisg. 2, ✆ 94290, V
H Uhl, Plönlein 6/8, ✆ 4895, III-V
Gh Zur Linde, Vorm Würzburger Tor 12, ✆ 94690, III-V
Gh Post, Ansbacher Str. 27, ✆ 938880, III-V
Gh Zum Ochsen, Galgeng. 26, ✆ 6760, III
Gh Goldener Greifen, Obere Schmiedg. 5, ✆ 2281, IV-V
Gh Klingentor, Mergentheimer Str. 14., ✆ 3468, IV
Gh Rödertor, Ansbacher Str. 7, ✆ 2022, V
Gh Breiterle, Röderg. 30, ✆ 6730, IV
Gh Butz, Kapellenpl. 4, ✆ 2201, IV-V
Gh Marktplatz, Grüner Markt 10, ✆ 6722, III
Gh Lamm, OT Gebsattel, Schlossstr. 4, ✆ 8968

Gh Neusitz, OT Neusitz, Im Dorf 8, ✆ 93999
Gh Zum Schwan, Hartershofen 39, ✆ 3387
Gh Zur Silbernen Kanne, Paradeisg. 20/22, ✆ 5616, III-IV
Gh Spätzle-Schwob, Milchmarkt 6, ✆ 6068, IV
Gh Spitaltor, Spitalg. 26, ✆ 6759, IV-V
Gh Lotus, Eckele 2, ✆ 86886, III-V
Gh Bayrischer Hof, Ansbacher Str. 21, ✆ 6063, IV-VI
P Alex, Goethestr.2, ✆ 2888, II-III
P Am Heckenacker, Heckenackerstr. 31, ✆ 4586, II-III
P Zum Schmölzer, Roseng. 21, ✆ 3371, III
P DiVivo, Michl-Emmerling-Str. 36, ✆ 3560, III
P Eberlein, Winterbachstr. 4, ✆ 4672, IV
P Elke, Rödergasse 6, ✆ 2331, IV
P Flemming, Klingeng. 21, ✆ 92380, IV
P Fuchsmühle, Taubertalweg 103, ✆ 92633, III-IV
P Freund, Sterng. 1, ✆ 92254, III
P Gerlinger, Schlegeleinsweth 10, ✆ 87979, III
P Götz, Schumannstr. 4, ✆ 4217, II
P Herrnmühle, Taubertalweg 54, ✆ 2176, III
P Heß, Spitalg. 18, ✆ 6130, II-III
P Hofmann, Stolleng. 29, ✆ 3371, III
P Liebler, Pfäffleinsg. 10, ✆ 709215, II-III
P Pöschel, Wengg. 22, ✆ 3430, II
P Raidel, Wengg. 3, ✆ 3115, III
P Schrenker, Taubertalweg 58, ✆ 1617, II
P Then, Johanniterg. 8a, ✆ 5177, III
Pz Bühlmeyer, eichendorffstr. 23b, ✆ 9369595, II

Pz Angermeier, Schrannenpl. 12, ✆ 3456, II
Pz Gärtner, Krebengäßchen 2, ✆ 3248, II
Pz Fröhlich, Deutschherrng. 3, ✆ 709709, II-III
Pz Kreiselmeyer, Vorbach 2, ✆ 4702, II
Pz Pianka, Schlachthofstr. 27, ✆ 4547, II-III
Pz Weinstube Pöbel, Kobolzellersteig 10, ✆ 1350, II
Pz Weiß, Hans-Sachs-Str. 26, ✆ 3962, II
Jugendherberge Rossmühle und Spitalhof, Mühlacker 1, ✆ 94160

Detwang

PLZ: 91541; Vorwahl: 09861
Rothenburg Tourismus-Service, Marktpl. 2, ✆ 404800
H Schwarzes Lamm, Detwang 21, ✆ 6727, IV-V
Gh Tauberstube, Detwang 15, ✆ 4518, III
Pz Braun, Detwang 30, Dorfmühle, ✆ 7479, II
Pz Lindörfer, Detwang 16b, ✆ 3373, II
Tauber-Romantik, Detwang 39, ✆ 6191
Tauber-Idyll, Detwang 28, ✆ 3177

Leuzenbronn

PLZ: 91541; Vorwahl: 09861
Gh Zur Krone, Leuzenbronn 6, ✆ 2921, II-III

Bettwar

PLZ: 91628; Vorwahl: 09861
Gh Alte Schreinerei, An der Romantischen Straße, ✆ 1541, II
Gh Zum Schwan, Hartershofen 39, ✆ 3387
Gh Schwarzer Adler, Bettwar 1, ✆ 4516, II

Tauberscheckenbach

PLZ: 91587; Vorwahl: 09865
Pz Holzinger, ✆ 1880, I-II

Tauberzell

PLZ: 91587; Vorwahl: 09865
Gh Landhaus "Zum Falken", Tauberzell 41, Adelshofen, ✆ 941940, IV
Gh Grüner Baum, Neustett 4, Adelshofen, ✆ 340
Pz Knorr, Tauberzell 57, ✆ 582, II
Pz Krauß, Tauberzell 8, ✆ 756, II

Creglingen

PLZ: 97993; Vorwahl: 07933
Tourist-Information, Bad Mergentheimer Str. 14, ✆ 631

Gh Im Turm, Neue Str. 28, ✆ 7195, II
Gh Grüner Baum, Torstr. 20, ✆ 618, III
Gh Herrgottstal, Herrgottstal 13, ✆ 518, III
Pz Hartmann, Hauptstr. 30, ✆ 308, II
Pz Hartmann, Klingener Str. 47, ✆ 7818, II
Pz Klee, Sudetenstr. 30, ✆ 659, II
Hh Stahl, Weidenhof 1, ✆ 378, III-V
Creglingen, Erdbacher Str. 30, ✆ 336, II

Münster

Romantische Straße, Münster 67, ✆ 20289

Schonach

Gh Zur Linde, Schonach 10, ✆ 7827, II
Gh Zum Rappen, Schonach 1, ✆ 620, III

Reutsachsen

Gh Goldenes Roß, Reutsachsen 15, ✆ 07939/470, II

Craintal

Gh Zur Post, Craintal 9, ✆ 422, II
Gh Pfeiferhans, Craital 7, ✆ 91010, II-IV
Pz Metzger, Craintal 69, ✆ 7201, II
Pz Stetter, Craintal 3, ✆ 7783, II

Archshofen

Gh Holdermühle, Am Radweg, ✆ 912317, II
Pz Blechschmidt,, Archshofen 85, ✆ 7891, II
Fw Fesseler, Archshofen 42, ✆ 71001, III-IV

Klingen

PLZ: 97243; Vorwahl: 09338
Gh Zur Romatischen Straße, Klingen 28, ✆ 209, III
Pz Weiß, Berglein 11, ✆ 1212, II
Pz Hertlein, Klingen 39, ✆ 8234, II

Bieberehren

PLZ: 97243; Vorwahl: 09338
Pz Kemmer, Hohe Steige 4, ✆ 740, II

Röttingen

PLZ: 97285; Vorwahl: 09338
Tourist-Information, Marktpl. 1, ✆ 972855
Gh Zur Alm, Herrnstr. 20, ✆ 980614, III
Pz Weingut Hofmann, Strüther Str. 7, ✆ 1577, V
Pz Bergold, Mergentheimer Str. 12, ✆ 1084, II
Pz Matei, Kapellenberg 6b, ✆ 1260, II
Fw Karl, Strüther Str. 1, ✆ 1418, III
Fw Weingut Engelhardt, Kirchpl. 18, ✆ 993500, III-IV
Fw Amersbach, Ahornweg 21, ✆ 99826, III

Tauberrettersheim

PLZ: 97941; Vorwahl: 09338

Gemeindeamt, Bergstr. 1, ✆ 462

Gh Zum Hirschen, ✆ 322, III-V

Gh Krone, Mühlenstr. 6/7, ✆ 412, V

Pz Diemer, Kirchstr. 10, ✆ 1332, II

Pz Pflüger, Schulstr. 8, ✆ 1261, I-II

Fw Diemer, Kirchstr. 10, ✆ 1332, IV-V

Elpersheim

PLZ: 97990; Vorwahl: 07934

Gh Zum Löwen, Deutschordenstr. 30, ✆ 990445, II

Pz Hein, Wallgraben 33, ✆ 242, II

Weikersheim

PLZ: 97990; Vorwahl: 07934

Städtisches Kultur- und Verkehrsamt, Marktpl. 7, 10255

H Deutschherren-Stuben, Marktpl. 9, ✆ 8376, V

H Grüner Hof, Marktpl. 10, ✆ 252, III-IV

H Laurentius, Marktpl. 5, ✆ 91080, V

Hg Frankenstüble, Marktpl. 3, ✆ 400, IV

Gh Krone, Hauptstr. 24, ✆ 8314, III

Gh Zur Traube, Mörikestr. 1, ✆ 994367, III-IV

Gh Krone, Am Markt 9, ✆ 295, II

Pz Alberth, Hirtenstr. 1, ✆ 993420, II-III

Pz Barthelmeh, Lessingstr. 33, ✆ 8763, II

Pz Bschaden, Meisenweg 29, ✆ 8968, I-II

Pz Gutekunst, Lerchenweg 4, ✆ 247, II-III

Pz Guttroff, Lessingstr. 10, ✆ 7630, II

Pz Hartung, Kanalstr. 23, ✆ 990030, II

Pz Kämmler, Eichendorffstr. 15, ✆ 8532, III

Pz Haus Waldblick, Schadenbergstr. 19, ✆ 3500, II

Pz Lehr, Laudenbacher Str. 34, ✆ 7430, II

Pz Mayer, Torhaus, Hauptstr. 1, ✆ 8633, II

Pz Moll, Schadenbergstr. 8, ✆ 8814, II

Pz Schmitt, Taubermühle 1, ✆ 7769, II

Pz Schönle, Hauptstr. 30, ✆ 8604, I

Pz Pelkmann, Bismarckstr. 24, ✆ 245033, II

Pz Staudt, Kronenstr. 10, ✆ 7957, II

Bh Georgs-Hof, Neubronn 17, ✆ 7251, II

Gästehaus Logierhaus, Im Heiligen Wöhr 1, ✆ 992940

Schwabenmühle, Weikersheimer Str. 21, ✆ 992223,

Markelsheim

PLZ: 97980; Vorwahl: 07931

Tourist-Information Bad Mergentheim, Marktpl. 1, ✆ 574815

H Weinstube Lochner, Hauptstr. 39, ✆ 9390, V-VI

Hg Gästehaus Birgit, Scheuerntorstr. 25, ✆ 9090-0, III-IV

Gh Deutscher Hof, Tauberbergstr. 8, ✆ 45011, III

Gh Taubertal, Weikersheimerstr. 3, ✆ 90940, IV

P Schieser, Scheuerntorstr. 38, ✆ 90320, III

Pz Gästehaus Margret, Knockstr. 5, ✆ 45691, II

Pz Gästehaus Marianne, Nonnenstr. 10, ✆ 42213, II-III

Pz Haus Maria, Knockstr. 2, ✆ 41320, II

Pz Braun, Bad Mergentheimer Str. 11, ✆ 477766, II-III

Pz Gundling, Tauberbergstr. 11, ✆ 43461, II-III

Pz Mittnacht, Nonnenstr. 8, ✆ 45390, II-III

Pz Braun, Helene-Wunderlich-Str. 19, ✆ 41964, II-III

Pz Baun, Scheunentorstr. 20, ✆ 44878, II

Pz Constanze, Dr.-Hofmann-Str. 18, ✆ 477972, II-III

Pz Hofmann, Klostersteige 19, ✆ 3970, II-III

Pz Landhaus Roswitha, Tauberbergstr. 8, ✆ 42691, II-III

Pz Leiser, Glockenturmstr. 27, ✆ 43669, II

Pz Noe, Glockenturmstr. 21, ✆ 43186, II

Pz Olkus, Konrad-Seifritz-Str. 5, ✆ 43799, II

Pz Peppel, Rathausg. 2, ✆ 45953, II

Pz Schieser, Rainbergerweg 17, ✆ 43329

Pz Zeller, Erich-Riehle-Str. 13, ✆ 477394, II

Igersheim

PLZ: 97980; Vorwahl: 07931

Gh Zum Löwen, Goldbachstr. 8, ✆ 2590, III

Gh Heckenwirt, Bad Mergentheimer Str. 26, ✆ 2348, II-III

Gh Pizzeria Appia, Harthäuser Str. 16, ✆ 42509, III-V

P Haus Golfblick, Erlenbachtalstr. 24, ✆ 6446, II

Pz Dörr, Odenwaldstr. 4, ✆ 42279, II

Pz Mohr, Burgstr. 30/1, ✆ 3586, II

Pz Weiß, Odenwaldstr. 18, ✆ 43538, I

Pz Zikan, Th.-Heuss-Str. 7, ✆ 42674, I

Bad Mergentheim

PLZ: 97980; Vorwahl: 07931

Tourist-Information, Marktpl. 1, ✆ 574815

Kurverwaltung, Lothar-Daiker-Str. 4, ✆ 9650

H Familienhotel Granfamissimo, Erlenbachweg 17, ✆ 5990, VI

H Alexa, Edelfinger-Str. 11-13, ✆ 97270, V-VI

H Bundschu, Cronbergstr. 15, ✆ 9330, V-VI

H Central, H.-H.-Ehrler-Pl. 40, ✆ 964900, V-VI

H Deutschmeister, Ochseng. 7, ✆ 9620, V-VI

H Best Western, Lothar-Daiker-Str. 6, ✆ 5390, VI

H Alexander, Wolfgangstr. 2-4, ✆ 97300, V

H Victoria, Poststr. 2-4, ✆ 5930, VI-VII

H Wanfried Taubergrund, Edelfinger Str. 7, ✆ 97120, V

Hg Alte Münze, Münzg. 12/14, ✆ 5660, V

Hg Bocksbeutelstuben, Schlossgartenstr. 23, ✆ 2339, III
Gh Zum Wilden Mann, Reicheng. 6, ✆ 7638, III
P Gästehaus Goldener Stern, Münzg. 20, ✆ 8844, II
P Gasthaus Johanniter, Deutschordenpl. 5, ✆ 7502, III
P Gästehaus Kippes, Erlenbachweg 14, ✆ 7214, IV
P Taubergrund, Edelfinger Str. 36, ✆ 97120, V
P Gästehaus Zeitler, Entengässle 4, ✆ 7425, II-V
Pz Eck, Cronbergstr. 20, ✆ 2297, I
Pz Jag, Herrenstiege 15, ✆ 8193, II
Pz Kalipp, Maurus-Weber-Str. 41, ✆ 41372, II
Pz Schick, Dainbacher Weg 9, ✆ 7383, III
Pz Schmitt, Weinsteige 2, ✆ 8834, II
Pz Scholz, Frankenstraße 28, ✆ 2547, III
Willinger Tal, Willinger Tal 1, ✆ 2177

Dainbach

Gh Zum Ross, ✆ 400, II

Löffelstelzen

P Zum Hirschen, Alte Würzburger Str. 29, ✆ 7494, II
P Haus Marianne, Tatschenweg 4, ✆ 6260, I-II
P Gästehaus Stolz, Hohe Str. 11, ✆ 8588, II-III

Stuppach

Gh Zum Hirschen, Rengershäuser Str. 42, ✆ 3386, II
Gh Zur Rose, Grünewaldstr. 8, ✆ 3304, II-III

Wachbach

Gh Linde-Classico, Dorfstr. 118, ✆ 43232, I

Herbsthausen

Gh Herbsthäuser Brauerei-Gasthof, Alte Kaiserstr. 28, ✆ 286, II
Pz Gästehaus Seefeldt, Höhestr. 2, ✆ 8593, I

Edelfingen

PLZ: 97980; Vorwahl: 07931
Tourist-Information Bad Mergentheim, Marktpl. 1, ✆ 574815
H Edelfinger Hof, Landstr. 14, ✆ 9580, V

Lauda-Königshofen

PLZ: 97922; Vorwahl: 09343
Tourist-Information Lauda-Königshofen, Marktplatz 1, ✆ 501128

Königshofen

H Landhaus Gemmrig, Hauptstr. 68, ✆ 7051, III-IV
Gh Die Rose, Turmbergstr. 9, ✆ 1333, III
Pz Bairle, Dekan-Schork-Str. 18, ✆ 58249, II
Pz Bethäußer, Obere Mauerstr. 5, ✆ 1576, II
Pz Boger, Amalienstr. 7, ✆ 8660, II
Pz Mandt, Elsternweg 39, ✆ 4590, II
Pz Murek, An den Spatzenäckern 10, ✆ 1665, II
Pz Schäffner, Alban-Stolz-Str. 8, ✆ 4994, II

Lauda

H Am Marktplatz, Maierstr. 1-3, ✆ 974, III
Gh Goldener Stern, Pfarrstr. 23, ✆ 1271, II-III
Pz Roth, Karpatenstr. 6, ✆ 2423, I-II

Beckstein

Heimat- und Verkehrsverein Beckstein, Weinstr. 30, ✆ 5000
H Adler, Weinstr. 24, ✆ 2071, III
Hg Becksteiner Rebenhof, Am Hummelacker 34-52, ✆ 62780, IV-V
Gh Zur alten Kelter, Weinstr. 13, ✆ 62370, II-III
Pz Braun, Geisbergstr. 13, ✆ 4751, II
Pz Michelbach, Am Hummelacker 5, ✆ 4812, II
Pz Mohr, Urbang. 4, ✆ 8686, I
Pz Schäffner, Talwiesenstr. 24, ✆ 8147, II

Gerlachsheim

Gh Zur Sonne, Würzburger Str. 69, ✆ 1497, II

Marbach

Gh Zum Lamm, St.-Josef-Str. 30-32, ✆ 62730, III
Pz Schillinger, Am Blösberg 5, ✆ 2523, II

Oberlauda

Oberbalbach

Gh Georgsmühle, Balbachtalstr. 1, ✆ 65405, II

Unterbalbach

Gh Zum Löwen, Bgm.-Kolb-Str. 14, ✆ 4911, III
Gh Deutscher Hof, Bgm.-Kolb-Str. 19, ✆ 4500, II
Pz Niedermayer, Untere Mühlstr. 22, ✆ 3624, I

Distelhausen

PLZ: 97941; Vorwahl: 09341
H Das kleine Amtshotel, Amtsstr. 2, ✆ 7888, V

Tauberbischofsheim

PLZ: 97941; Vorwahl: 09341
Touristinformation, Marktpl. 8, ✆ 80313 od.

80333
H Hotel am Brenner, Goethestr. 10, ✆ 92130, IV-V
H Badischer Hof, Am Sonnenplatz, ✆ 9880, IV-V
H Am Schloss, Hauptstr. 56, ✆ 3271, V
H St. Michael, Stammbergweg 1, ✆ 84950, V
P Stein, Hauptstr. 67, ✆ 3204, III
Pz Becker, Goethestr. 15, ✆ 8955570, II
Pz Berberich, Höhbergstr. 8, ✆ 61067, II
Pz Berberich, Herrenmühle 5, ✆ 3543, II
Pz Dölzer, Königheimer Str. 85, ✆ 2397, II
Pz Meyer, Königheimer Str. 29, ✆ 1596, II
Pz Rincker, Klosterg. 3, ✆ 3625, II
Pz Guttroff, Brentanoweg 7, ✆ 7647, II
Fw Arthur, Gerberg. 5, ✆ 13793, II
Fw am Brenner, Eichendorffstr. 7, ✆ 92130, II
Fw Hönninger, Burgunderweg 25, ✆ 897774, II
Fw Scheuermann, Grabenweg 11, ✆ 12192, II
Fw Steinbach, Brennerring 64, ✆ 12983, II
Fw Hönninger, Hölderweg 8, ✆ 897774
Fw Burger, Brennerring 81, ✆ 7259
Olympiastützpunkt, Pestalozziallee 12, ✆ 8090, III

Dittigheim
Gh Gasthaus zum Engel, Untere Torstr. 28, ✆ 5177, III
Gh Zum Grünen Baum, Rathauspl. 5, ✆ 5162, III-IV
Fw Lang, Untere Forststr. 26, ✆ 7093

Impfingen
PLZ: 97941; Vorwahl: 09341
P Stern, Taubertalstr. 3, ✆ 12468, III

Hochhausen
PLZ: 97941; Vorwahl: 09341
H Am Mühlenwörth, Mühlenwörth, ✆ 95555, II-III
Pz Reitlinger, Neue Gasse 5, ✆ 2382, II
Fw Münch, Steppersg. 11, ✆ 92400
Fw Schäufler, Flürlein 15, ✆ 12583

Werbach
PLZ: 97956; Vorwahl: 09341
Bürgermeisteramt Werbach, ✆ 92080
Gh Drei Lilien, Hauptstr. 14, ✆ 7586, V
Pz Gästehaus Braun, Liebfrauenbrunnstr. 28, ✆ 898500, II
Pz Gästehaus Martin, Bahnhofstr. 1, ✆ 09348/660, II

Niklashausen
PLZ: 97956; Vorwahl: 09348
Bürgermeisteramt Werbach, ✆ 09341/92080
Gh Zum Hirschen, Würzburger Str. 18, ✆ 253, II
Pz Peterle, Hans-Schmidt-Str. 10, ✆ 218, I

Gamburg
PLZ: 97956; Vorwahl: 09348
Bürgermeisteramt Werbach, ✆ 09341/92080
P Gästehaus Martin, Bahnhofstr. 1, ✆ 660 od. 0160/1071741, II
Pz Fiederlein, Lindhelle 48, ✆ 606, II
Pz Lappel, Lindhelle 64, ✆ 635, II
Pz Ulrich, Lindhelle 6, ✆ 343, II

Bronnbach
PLZ: 97877; Vorwahl: 09342
Gh Klosterhof, Bronnbach 1, ✆ 7316, II-III

Reichholzheim
PLZ: 97877; Vorwahl: 09342
H Martha, Am Felder 11, ✆ 7896, III
Pz Amend, Martin-Schlör-Str. 28, ✆ 37623, I
Pz Gagalick, Scheffelstr. 2, ✆ 1531, I-II
Pz Friedlein, Am Felder 5, ✆ 4733
Campingplatz Forelle, Zum Ottersberg, ✆ 4435 oder 6151

Waldenhausen
PLZ: 97877; Vorwahl: 09342

Gh Zur Krone, Mühlwörthweg 10, ✆ 1398
Pz Herr, Steigäckerstr. 1, ✆ 4656, I-II
Pz Dresel, Mühlwortweg 22, ✆ 39461, II

Wertheim

PLZ: 97877; Vorwahl: 09342
Tourist-Info, Geberg. 16, ✆ 935090
H Bronnbacher-Hof, Mainpl. 10, ✆ 92540, IV-V
H Am Malerwinkel, Neupl. 1, ✆ 9060, IV-V
H Schwan, Mainpl. 8, ✆ 92330, IV-V
H Baunachshof, Friedleinsg. 4, ✆ 9345714, IV-V
Hg Löwensteiner Hof, Bahnhofstr. 11, ✆ 1259, III
Pz Altstadtresidenz, Rechte Tauberstr. 17, ✆ 09348/444, II
Pz Hesz-Kahl, Brummg. 10, ✆ 39826, II
Frankenland, Alte Steige 16, ✆ 6451

Vockenrot

Gh Zum Ross, Nassiger Str. 7, ✆ 92320, III-IV

Bestenheid

H Mainperle, Robert-Bunsen-Weg 39, ✆ 84160, IV
H Bestenheider Stuben, Breslauer Str. 1, ✆ 96540, V
Pz Hörtreiter, Reichenberger Str. 99, ✆ 5781, II
Pz Zum roten Haus, Kleiner Weg 10, ✆ 0151/20993185, II
Pz Schönflug, Bestenheider Landstr. 76, ✆ 5275, II
Azur-Camping Wertheim, In den Christwiesen, ✆ 83111

Monfeld

H Weißes Rössel, Haagzaun 12, ✆ 09377/1215, II

Hofgarten

P Hofgarten, Untere Heeg 1, ✆ 6426, III-IV
P Johanniter-Bildungszentrum, Frankensteinerstr. 4a, ✆ 911020, III
Pz Szabo, Im Rainfeld 16, ✆ 85508, II
Pz Ulbricht, Bergstr. 30, ✆ 59325, II

Kreuzwertheim

PLZ: 97892; Vorwahl: 09342
Tourist-Information Wertheim, Am Spitzen Turm, ✆ 1066
H In den Herrenwiesen, In den Herrenwiesen 2-4, ✆ 9313-0, IV-V
H Lindenhof, Lindenstr. 41, ✆ 915940, IV-VI
Gh Franz, Hauptstr. 18, ✆ 6600, II-III
Gh Zum Stern, Hauptstr. 22, ✆ 8579171
Pz Baethke, Kaffelsteinweg 3, ✆ 1878, I-II
Pz Feil, Am Gänsrain 4, ✆ 37928, II
Pz Reinhardt, Sommerhansenweg 2, ✆ 38098, I-II
Pz Schemat, Ringstr. 16, ✆ 3541, I-II
Pz Streibich, Ahornweg 3, ✆ 6531, I

Hasloch

PLZ: 97907; Vorwahl: 09342
Pz Suhr, Im Leinenhansen 6, ✆ 85098, II

Stadtprozelten

PLZ: 97909; Vorwahl: 09392
Verwaltungsgemeinschaft, Hauptstr. 132, ✆ 7117
Gh Schwarzer Adler, Hauptstr. 125, ✆ 466
P Haus Erika, Odenwaldstr. 5, ✆ 6363, II
Pz Haus Hanne, Ringstr. 17, ✆ 6468
Pz Haus Anita, Ringstr. 10, ✆ 6621
Campingplatz Boots-Marina, Am Mainufer 1, ✆ 7866

Dorfprozelten

PLZ: 97904; Vorwahl: 09392
Gh Zur Goldenen Krone, Hauptstr. 61, ✆ 7528
Gh Stern, Maing. 5, ✆ 7295

Collenberg

PLZ: 97903; Vorwahl: 09376
P Turmcafé, Bildstr. 24, ✆ 1334 o. 1254, III
Pz Hock, Hainbuchstr. 28, ✆ 281
Pz Ludwig, Mainstr. 4, ✆ 664
Pz Mettner, Carl-Zelter-Str. 24, ✆ 706

Pz Warta, Streckerring 4, ✆ 637

⛺ Camping Maintal, Schlossstr. 42, ✆ 1270

Kirschfurt

PLZ: 97896; Vorwahl: 09375

ℹ Bürgermeisteramt Freudenberg, Hauptstraße 152, ✆ 92000

Gh Mainblick, Am alten Fahr 1, ✆ 8004, I-II

Freudenberg

PLZ: 97896; Vorwahl: 09375

ℹ Tourist Info, Hauptstraße 115, ✆ 920090

ℹ Privatzimmervermittlung an Sonn- und Feiertagen, ✆ 339

H Rose, Hauptstr. 230, ✆ 653, II-IV

H Goldenes Fass, Fassg. 3, ✆ 9299970

P Haus Furtner, Im Hüttenrain 2, ✆ 724

Pz Hofmann, Am Steiggraben 2, ✆ 682, II

Pz Müssig, Halleng. 5, ✆ 282, II

⛺ Seecamping, Mühlgrundweg 10, ✆ 8389

Boxtal

Vorwahl: 09377

Gh Zur Rose, Kirchstr. 15, ✆ 1212 o. 1213, II-III

Wessental

Vorwahl: 09377

ℹ Bürgermeisteramt Freudenberg, Hauptstraße 152, ✆ 92000

Pz Pension Eckert, Im Hirtengarten 3, ✆ 458, I-II

Pz Haus Sonnenblick, Im Hirtengarten 2, ✆ 457, II

Steinbach

PLZ: 97900; Vorwahl: 09345

Hg Engel, Schönertsbachstr. 36, ✆ 929121, II-III

Külsheim

PLZ: 97900; Vorwahl: 09345

ℹ Bürgermeisteramt, Kirchbergweg 7, ✆ 6730

Gh Zum Brunnenputzer, Hauptstr. 57, ✆ 928366, II-III

Gh Stemmlers Küferstüble, Hauptstr. 84, ✆ 1728, III

Gh Haus Frankenland, Zum Läger 2, ✆ 422, III

P Haus am Seeweg, Seeweg 1, ✆ 1435, II

Pz Grimm, Hauptstr. 18a, ✆ 398, I-II

Pz Höfert, Spitalstr. 8a, ✆ 6306, I

Pz Imhof, Schneidmühlweg 14, ✆ 1679, I

Steinfurt

Gh Grüner Baum, Mönchwaldstr. 12, ✆ 211, III

Eiersheim

Pz Krug, Mittleres Dorf 7, ✆ 6094, II

Königheim

PLZ: 97953; Vorwahl: 09341

ℹ Bürgermeisteramt, Kirchplatz 2, ✆ 92090

Gh Zum Schwan, Hardheimerstr. 6, ✆ 94960, III

Gissigheim

PLZ: 97953; Vorwahl: 09341

ℹ Bürgermeisteramt Königheim, Kirchplatz 2, ✆ 92090

Gh Zum Engel, Schlossstr.44, ✆ 09340/224, III

Schweigern

PLZ: 97942; Vorwahl: 07930

ℹ Stadt Boxberg, Kurpfalzstr. 29, ✆ 60512

Gh Zur Sonne, Marktstr. 38, ✆ 994703, I

Boxberg

PLZ: 97944; Vorwahl: 07930

ℹ Stadt Boxberg, Kurpfalzstr. 29, ✆ 60512

H Panorama, Panoramaweg 45, ✆ 994080, V

Assamstadt

PLZ: 97959; Vorwahl: 06294

ℹ Bürgermeisteramt, im Rathaus, ✆ 42020

Gh Straußen, Bobstadter Str. 7, ✆ 6445, II-III

Wachbach

PLZ: 97980; Vorwahl: 07931

ℹ Städtisches Kultur- und Verkehrsamt Bad Mergentheim, Marktpl. 3, ✆ 57131

Gh Linde-Classico, Dorfstr. 118, ✆ 43232, I

Stuppach

PLZ: 97980; Vorwahl: 07931

ℹ Städtisches Kultur- und Verkehrsamt Bad Mergentheim, Marktpl. 3, ✆ 57131

Gh Zum Hirschen, Rengershäuser Str. 42, ✆ 3386, II

Gh Zur Rose, Grünewaldstr. 8, ✆ 3304, II-III

Pz Derr, Grünewaldstr. 22, ✆ 44352, I

Pz Schmeiser, Blumhoferstr. 8, ✆ 42524, I

Herbsthausen

PLZ: 97980; Vorwahl: 07931

ℹ Städtisches Kultur- und Verkehrsamt Bad Mergentheim, Marktpl. 3, ✆ 57131

Gh Herbsthäuser Brauerei-Gasthof, Alte Kaiserstr. 28, ✆ 286, II

Pz Gästehaus Seefeldt, Höhestr. 2, ✆ 8593, I

Herrenzimmern

PLZ: 97996; Vorwahl: 07932

ℹ Stadt Niederstetten, Albert Sammt Str. 15, ✆ 910211

Gh Sonne, Herrenzimmern 31, ✆ 243, II

Niederstetten

PLZ: 97996; Vorwahl: 07932

ℹ Informations- und Kulturamt, Bahnhofstr. 15, ✆ 910238

H Krone, Marktpl. 3, ✆ 8990, IV-V

H Garni, Marktpl. 5, ✆ 8420, III

Dunzendorf

Gh Zur Krone, Dunzendorf 8, ✆ 8602, II

Oberstetten

Gh Lamm, Vorbachstr. 4, ✆ 92150, II-III

Pz Roth, Schrozberger Str. 17, ✆ 605553, II

Vorbachzimmern

Pz Bergwirt, Steingasse 10, ✆ 60106, II

Wildentierbach

PLZ: 97996; Vorwahl: 07932

ℹ Informations- und Kulturamt Niederstetten, Bahnhofstr. 15, ✆ 910238

Gh Lamm, Wildentierbach 5, ✆ 8128, II

Wolkersfelden

PLZ: 97996; Vorwahl: 07939

P Pferde- u. Ferienhof, Wolkersfelden 9, ✆ 364, II-III

Ortsindex

Verweise aufs Übernachtungsverzeichnis sind *grün* dargestellt.

Danke

Dank an alle, die uns bei der Erstellung dieses Buches tatkräftig unterstützt haben. Unser besonderer Dank für die Korrekturen geht an: E. Botsch, Bremen; N. Brückner & S. Kaselow, Weimar; W. Gross; S. Meyer; E. Schmidt; E. Schulze, Vaihingen; M. Wenko, Fürstenfeld, R. Martin, Gamburg; B. & B. Amberg; H. Hartung, Weikersheim; G. Sander, Taufkirchen; I. & P. Steinmann, Aesch; J. Nakat, Mainz; H. Kühn, Münster; J. Seibold, Baierbrunn; H. Altreuther, Feuchtwangen; G. Wiegand, Nürnberg; A. Sobotka, Hochhausen; H. J. Rieche, Ettingen; M. Borst, Tauberbischofsheim; R. M. Schneider, Frankfurt; J. Würfl, Ergolding; C. Schwarzer & T. Boll; R. Hueber, Stadtbergen, Ch. Wagner; A. Dauer, Weismain;.W. König, Konz; A. Nold, Köln; J. Kunze, Frankfurt; H.u.H Dönges, Florstadt; G. Knierriem, Gedern; W. König, Konz; F. Heide, Heidelberg; U. Jakobs, Langen; W. Lassauer, Rothenburg o.d.T.; S. Hopfgarten; W. Becker;